# 다시 그리는
# 학교 공간

# 다시 그리는 학교 공간

**삶이 깃든 학교 공간을 위한**
**초중고 교사들의 소소한 실천**

서울대학교 사범대학
부설학교 교사들

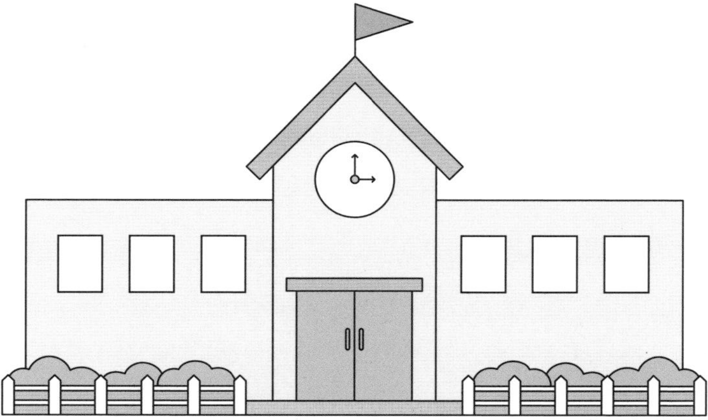

Humanist

# 소박하지만 의미 있는 학교 공간 만들기

사람은 건축을 만들고, 건축은 다시 사람을 만든다.

- 윈스턴 처칠

공간의 노예가 될 것인가? 아니면 그 안에서 펼쳐지는 삶의 주인공이 될 것인가? 우리가 머물고 삶을 엮어가는 공간에 관심을 가져야 하는 이유이다.

2021년, 서울대학교 부설학교에서는 두 가지 실천연구를 진행했다. 그 가운데 하나가 '삶이 깃든 학교 공간'이다. 2학기에 연구를 앞두고 여름방학 때 관련 책들을 살펴보았다. 두 가지 점에서 놀랐다. 첫째, 학교 공간을 다룬 책이 이미 넘쳐났다. 둘째, 그 책들을 보면 하나같이 "대단하다!"라며 감탄하지 않을 수 없었다. 어쩜 저렇게 대단한 열정과 탁월한 능력으로 똘똘 뭉친 분들이 많단 말인가! 창틀에 세워놓은 책들이 거대한 성벽처럼 우리를 압도했다. 과연 저걸 넘어설 수 있을까? 더구나 우리에겐 공간을 혁신하기 위한 예산도 거의 없었다.

'우린 절대로 저렇게 할 수 없겠다.'라는 절망감은, 역설적으로 연구에 대한 사명감으로 이어졌다. 우리가 느끼는 이 절망감을 대한민국의 평범한 교사들이라면 누구나 느끼지 않을까? 평범한 교사를 절망하게 만드는 거창한 프로젝트가 아니라, 누구나 마음만 먹으면 쉽게 도전할 수 있는 만만한 길을 찾고 싶었다.

우리는 '공간'이 아니라 '삶'으로 눈을 돌렸다. 19세기, 미국의 고층 빌딩 승강기에 거울을 달았던 사례는 우리에게 큰 영감을 주었다. 본질은 그 안에서 느끼는 지루함(삶)이지 승강기 자체(공간)가 아니다. 학교 공간 자체가 아니라, 그 안에서 펼쳐지는 교사와 학생의 삶에 집중하고자 했다.

이 책은 학교 공간혁신에 열성적으로 매달렸던 간증도 아니요, 그 과정을 냉철하고 체계적으로 분석한 논문도 아니다. 학교 공간에 관심을 가졌더니 교사와 학생의 삶이 어떻게 달라졌는지 소박하게 정리한 '이야기'이다.

어떤 분은 교실에 화이트보드 두 개를 들여놓고 그곳을 마음의 텃밭 삼아서 초등학교 1학년 아이들이 자기 마음을 표현하고 친구의 마음에 공감하는 힘을 기르도록 했다. 또 어떤 분은 아이들이 원하는 방식으로 교실 자리 배치를 바꾸면서, 그 과정에서 시시때때로 변하는 아이들의 심리 변화를 살폈다. 예산 지원을 받아서 실제 공간을 확 혁신한 사례도 더러 있지만, 그럴 여건이 되지 않을 때는 그림으로 '꿈'을 형상화했다.

'이렇게 소박한 것도 공간 연구라 할 수 있을까?' 연구를 처음 시작할 무렵, 우리는 모두 이것을 걱정했다. 하지만 이제는 말할 수 있다.

능력도 예산도 없지만, 우리는 이렇게 시도해 보았습니다.

선생님들도 한번 도전해 보세요.

2022년

저자들의 마음을 모아

※이 책에 등장하는 학생 이름은 모두 가명임.

## 차례

# 1
# 삶이 깃든 학교 공간

최인영

최인영

서울사대부고에서 국어를 가르치다가 2021년과 2022년에는 서울대학교 부설학교진흥원에서 파견 근무를 하고 있다. 부설학교 선생님들과 함께 실천연구를 진행하고, 그걸 모아 《샤교육저널》을 만드는 일을 주로 한다.

# 삶이 깃든
# 학교 공간

## 공간, 사람의 행동을 결정하는 부드러운 개입

와장창! 2016년이었다. 나는 고등학교 2학년, 그 가운데서도 거칠기로 이름이 높은 남학생 문과반 담임을 맡았다. 교실에는 덩치가 산처럼 커다란 럭비 특기생이 네 명이나 있었고, 그 아이들을 제외하고도 예체능 관련 진로를 희망하는 학생이 제법 있었다. 아이들은 머리보다 몸을 쓰는 활동을 즐겼고, 교실에는 늘 공이 날아다녔다. 교실에 달려 있던 선풍기와 게시물은 몸살을 앓았고, 천장 마감재는 성할 날이 없었다.

그 교실에 어항을 갖다 놓았다. 원래는 집에서 물고기를 키우던 것인데, 딸과 아들이 자라면서 관심 밖으로 밀려 천덕꾸러기가 된 물건이었다. 버리느니 차라리 교실에 두자는 마음이었는데, 동료 교사들이 '아이들이 그걸 그냥 두겠냐'며 손사래를 치고 난리였다. 괜찮을 것이라 큰소리를 쳤지만 불안한 마음은 나도 마찬가지였다.

아이들의 반응은 놀라웠다. 아이들은 등교하면 물고기한테 인사부터 했다. 어항 주위에 의자를 놓고 둘러앉아 얘기를 나누기도 했다. 꼬리 모양과 색깔에 맞게 이름을 붙여주는 아이도 있었다. 서로 밥을 주겠다고 해서 돌아가며 순서도 정했다. 그해 여름, 우락부락한 럭비 특기생이 어항에 이마를 맞대고 물고기들에게 아침 인사를 하는 장면을 목격했다. 간밤에 잘 잤는지, 아침은 먹었는지, 안부를 묻고 있었다. 그해 가을에는 이런 일도 있었다. 10월의 어느 날 어항에 사과문이 하나 붙었다.

물고기에게

안녕, 물고기야! 난 먹이를 준 ○○야.

내가 먹이를 너무 많이 줘서 힘들었다며?

정말 미안해. 앞으론 아프지 말고 씩씩하고 건강하게 자라나길 바랄게.

또 새우야, 최인영 쌤에게 잡아 먹히지(?) 않게 조심하렴. 꼭 ㄷㄷ

그럼 바이 바이. 잘 있어~

사연은 이러했다. 우리 반 아이들이 수학여행을 간 동안 수학여행을 가지 않은 다른 반 여학생이 물고기들이 굶고 있으리라 짐작하고 우리 교실에 와서 밥을 주었다. 밥을 얼마나 줘야 하는지 몰랐던 그 아이는 사람이 먹는 숟가락만큼 듬뿍 퍼주었고, 수학여행에서 돌아오니 남은 사료가 썩어서 물에서 악취가 풀풀 풍겼다. 물고기들은 물 밖으로 입을 내밀고 숨을 헐떡이고 있었다. 그걸 본 우리 반 학생 한 명이 그 여학생을 찾아가서 이렇게 말했다.

"너 때문에 우리 물고기들 힘들어해. 물고기들한테 사과해."

가장 큰 변화는 아이들의 행동이었다. 어항이 들어온 뒤로 아이들은 교실에서 공을 던지지 않았다. 누군가 거친 장난을 걸면 말리기도 했다. 담임이 날마다 잔소리를 퍼부어도 아이들의 거친 몸놀림을 억누르지 못했는데, 작은 어항 하나가 아이들 행동을 바꿨다. 공간의 힘을 절감했다. 이 경험은 2021학년도 2학기 실천연구 주제를 선정하는 계기가 되었다.

## 제약, 창의성의 발판

2021학년도 2학기 실천연구 주제를 '삶이 깃든 학교 공간'으로 내걸고 네 개 부설학교에서 연구원을 모집했다. 교사와 학생들이 삶을 엮어나가는 공간에서 문제를 발견하고 그걸 스스로 해결함으로써 학생들이 '내 공간'이라고 느끼도록 하고, 나아가 학생들이 더 잘 배우고 생활하도록 돕기 위한 연구라고 안내했다. 예상보다 많은 선생님이 신청하셔서 16명으로 연구원을 꾸렸다.

그런데 우리에게는 몇 가지 제약이 있었다. 먼저, 학교 공간혁신에 관한 이야기가 차고 넘친다는 점이다. 교육부와 교육청에서 어마어마한 예산을 투입하기에 그 사례가 책과 연수로 쏟아져 나온다. 놀라운 열정과 능력으로 무장한 분들의 결과물을 보노라면 고개를 절레절레 흔들게 된다. 우리가 어떤 성과물을 만들더라도 그 속에서 빛을 내기는 쉽지 않아 보였다. 설상가상으로 우리에겐 공간 연구에 필요한 토대가 거의 없었다. 배정된 예산도 딱히 없고 전문 지식도 갖추지 못했다. 그 일에만 오롯이 매달릴 여유도 없었다. 연구에 따른 제약이 너무나 많았다.

하지만 관점을 바꾸면 제약은 오히려 창의성의 발판이 된다. 우리 연구를 가로막는 제약이 우리 연구의 최대 강점이 될 수 있다는 뜻이다. 사실 그만큼 많은 예산을 지원받아서 능력과 열정을 쏟을 수 있는 행운을 거머쥔 교사가 얼마나 될까? 그런 여건이 갖춰지지 않으면 그저 주어진 공간에 순응해서 살아야 하나? 그게 우리 고민의 출발이었다. 막대한 예산 지원과 엄청난 능력, 어마어마한 열정이 없더라도 마음만 먹으면 누구라도 쉽게 실천할 수 있는 사례, 그게 우리 연구의 지향이다. 우리의 메시지는 간명하다.

우리도 했으니, 선생님도 한번 해보세요.

연구원 수가 너무 많다는 점도 발목을 잡았다. 초·중·고등학교에서 다양한 교과의 교사가 연구에 참여하다 보니 저마다 생각하는 연구의 목표와 방향이 모두 달랐다. 그걸 합의하기까지 오랜 진통이 있었다. 16명 연구원의 생각을 '합집합'으로 놓고 보니 답이 나오질 않았다. 모두가 합의할 수 있는 '교집합'을 찾아서 범위를 좁히는 방식으로 의견을 모았다. 그 결과 연구 성격을 이렇게 설정했다.

- 사업이 아니라 교육이다.
- 예산이 아니라 상상이다.
- 결과가 아니라 과정이다.

• 공간이 아니라 삶이다.

교육부나 교육청 또는 대부분 학교에서 공간을 바라보는 관점은 '사업'이다. 막대한 예산을 들여 학교 공간을 혁신하고자 한다. 그러나 우리에게는 그럴 예산도 시간도 없었다. 대신 주어진 공간 안에서 학생과 교사의 삶을 어떻게 개선할 수 있을지 상상하기로 했다. 멋진 공간(결과)이 아니라, 그걸 이야기하는 과정에서 '배움(교육)'이 일어나기를 기대했다.

19세기, 미국에 고층빌딩 열풍이 불었을 때 승강기는 골칫거리였다고 한다. 속도가 너무 느리다는 고객의 불만이 쏟아졌기 때문이다. 승강기 속도를 빠르게 하는 건 정말 어마어마한 사업이다. 기술도 문제지만 비용도 만만찮다. 하지만 그 안에 거울을 달아서 승강기 안에 머무는 시간을 지루하지 않게 만드는 건 다른 차원의 접근법이다. 본질은 그 안에서 느끼는 지루함(삶)이지 승강기 자체(공간)가 아니다. 공간에 집착하지 말고, 그 안에서 펼쳐지는 교사와 학생의 삶에 집중하자는 게 우리 연구의 차별점이다.

역설적으로 말하자면, '공간혁신'의 궁극적인 목표는 공간이 아니었다. 공간을 돌아봄으로써 그 안에서 펼쳐지는 삶을 성찰하고, 더 나아가 수업을 바꾸고 관계를 개선하는 것! 그걸 하고 싶었다.

## 교육, 공간 연구의 목적이자 수단

우리 연구는 '학습을 위해, 학습에 의해' 실천했다. 학교 공간에 대한 논의는 교육(삶)을 중심에 놓고 교육을 개선하는 데 목표를 두어야 하며, 공간을 논의하는 과정에서 새로운 배움이 일어나야 한다는 뜻이다. 우리는 단순히 공간을 예쁘게 꾸미는 것을 목표로 삼지 않고, 그 과정에서 학생과 교사가 배우고 성장하는 걸 최종 목적으로 삼았다. 공간은 좀 망쳐도 된다. 그 과정에서 학생과 교사가 성장한다면 의미는 충분하다. 공간은 그 자체로 목표가 되기도 하지만 교육의 수단이 되기도 한다.

중요한 건 처음부터 끝까지 모든 과정을 학생과 함께 했다는 점이다. 전문가가 나서서 멋지게 만들어주는 공간보다는, 어설프더라도 그 공간에서 삶을 엮어나가는 주체가 스스로 가꾸는 공간이 훨씬 의미 있다. 교사가 학생들을 위해 발 벗고 나서서 공간을 다듬으면 더 멋진 공간을 꾸밀 수 있다. 그런데 그렇게 하면 학생들은 소외된다. 학생들이 '내 공간'이라고 느낄 수 있도록, 그들을 주체로 세우는 일을 무엇보다 소중하게 여겼다.

프랑스의 사회학자이자 공간 철학자인 앙리 르페브르(Henri Lefebvre)는 공간주권을 "학생들이 학교 공간 안에서 자신들의 공간이라는 주인의식을 갖고 능동적으로 살아가며, 공간을 주도적으로 구성 및 변화시킬 수 있는 권리"라고 정의했다.[1] 여기에서 더 나아가, 학생뿐 아니라 교사도 공간주권을 누려야 한다.

"집이란 세 가지를 겪을 때 완성된단다. 탄생, 죽음, 그리고 결혼." 《빨강머리 앤》에 나오는 구절이다.[2] 집은 건축이 아니라 삶을 통해 완

1 한현미(2021), 《교실 한구석에서 시작하는 학교 공간혁신》, 맘에드림, 27쪽에서 재인용.

2 김진애(2006), 《이 집은 누구인가》, 샘터, 175쪽에서 재인용.

성된다. 건물은 누군가 지어줄 수 있지만 거기에 삶을 채워서 집을 완성하는 건 그 안에서 살아가는 사람들이다. 집뿐만 아니라 학교도 마찬가지다. 생각해 보면 교육과정이나 교과서도 다르지 않다. 그걸 완성하는 건 교사와 학생의 삶이다. 건물 자체가 아니라 거기에 삶을 엮어 집을 완성하는 일을 우리 연구의 알맹이로 삼았다.

> 건축은 누군가가 다 빚어서 건네주는 고정된 그릇이 아니다. 건축이라는 그릇에 들어가는 사람에게 중요한 것은 그곳에서의 자기 삶을 어떻게 바라보고 관찰할 것인가, 자신의 생활을 어떻게 공간으로, 장소로, 환경으로, 풍경으로 바꾸어갈 것인가 하는 점이다. 건축가만 공간을 만들 줄 아는 것이 아니다. …… 사는 이도 스스로 공간을 만들 줄 안다.[3]

## 연구, 집을 짓는 과정처럼

연구의 성격을 합의하니 그때부터 연구에 속도가 붙었다. 인공위성을 쏘아 올리는 과정과 비슷하다는 느낌을 받았다. 위성을 쏘아 궤도까지 올리는 일은 무척 힘들었지만, 일단 궤도에 올라타니 탄력을 받아서 빠르게 진행되었다.

### (1) 전문가 특강

연구에 앞서 다양한 분야의 전문가를 모시고 특강을 들었다. 해당 분

3 김광현(2018), 《건축이 우리에게 가르쳐주는 것들》, 뜨인돌.

야의 구체적인 사례와 철학적 깊이가 있는 근본적인 질문들이 서로 어우러져서 문제의 본질을 통찰하는 힘을 길러주었다. 집을 짓기에 앞서 터를 단단하게 다지는 과정이었다.

| | |
|---|---|
| 최익서 | • 홍익대학교 디자인학부 교수, 한국공간디자인학회 회장<br>• 디자인은 인문학적 상상의 공학적 실현이다. 중요한 건 기술이 아니라 인간이다. |
| 박인우 | • 고려대학교 교육학과 교수, 교육공학 전공<br>• 수업이 먼저고 공간은 다음이다. 먼저 어떤 수업을 하고 싶은지 목표를 정하고, 그걸 위한 공간을 설계하라. |
| 최원석 | • EBS 공간디자인부 부장<br>• 제약은 걸림돌이 아니라 상상을 위한 디딤돌이다. 구성원이 '내 공간'이라고 여길 때 '오고 싶은 공간'이 된다. |
| 정진주 | • 청주대학교 건축학과 교수, 학교건축창의융합포럼 회장<br>• 유연성과 가변성을 가진 학교 공간, 사용자의 활동을 제한하지 않고 상상력을 자극할 수 있는 학교 공간으로 만들어야 한다. |

### (2) 연구계획서 작성

터를 다졌으니 이제 설계도를 그리는 단계이다. 이미 2021학년도 1학기 부설학교 실천연구에서 연구 모형을 만들었기에 그걸 본떠서 2학기 실천연구 모형을 만들었다.

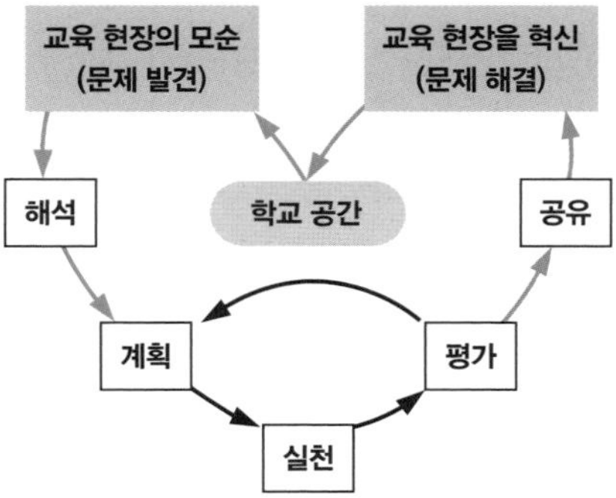

우리 연구는 '학교 공간'을 '관찰'하는 데서 출발한다. 학교 공간에서 펼쳐지는 교사와 학생의 삶을 찬찬히 관찰하면 그 속에서 문제가 드러나는데, 왜 그런 모순이 발생하는지 '해석'하는 일이 연구의 첫걸음이다. 문제를 찾았으면 그걸 해결할 방법을 '계획'하고, 실제 학교 현장에서 '실천'하고 어떤 변화가 있는지 '평가'한다. '계획 ⇒ 실천 ⇒ 평가' 단계는 나선형으로 순환한다. 평가 결과에 따라 계획을 수정하여 다시 현장에 적용하기를 몇 차례 되풀이한다. 그 과정을 정리해서 '공유'하는 단계가 마지막이다. 이 모형에 따라 '삶이 깃든 학교 공간'이라는 주제를 잘 구현하기 위해서 다음과 같이 세부 설계도를 그렸다.

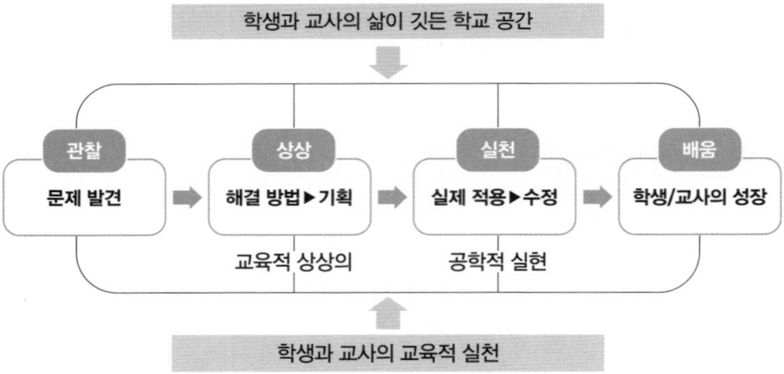


이 설계도를 바탕으로 각자 연구계획서를 작성했는데, 16명의 연구가 하나의 흐름으로 연결되기 위해서 21쪽 그림과 같이 세 가지 질문을 화두로 삼았다.

### (3) 관찰과 관점

부설학교 실천연구에서 가장 중요한 단계는 '관찰'이다. 제임스 카메

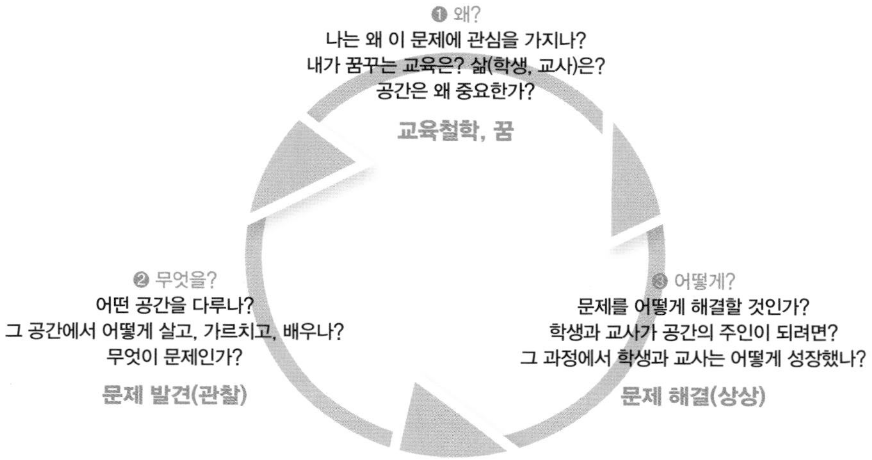


론 감독의 영화 〈아바타〉(2009)에서 '사랑하다'는 '보다'와 같은 뜻으로 쓰인다. 사랑하려면 제대로 보아야 한다는 의미일 것이다. 이창동 감독의 영화 〈시〉(2010)에서도 이와 비슷한 대사를 확인할 수 있다. 영화에서 시인 김용택은 시 창작 교실에 모인 사람들에게 사과를 들어 보이며 이렇게 말한다.

> 여러분들은 지금까지 이 사과를 몇 번이나 봤어요? 천 번? 만 번? 백만 번? 틀렸어요. 여러분들은 지금까지 이 사과를 한 번도 본 적이 없어요. …… 진짜로 본 게 아니에요. 사과라는 것을 정말 알고 싶어서, 관심을 가지고 이해하고 싶어서, 대화하고 싶어서 보는 것이 진짜로 보는 거예요. 오래오래 바라보는 거죠. 사과의 그림자도 관찰하고, 이리저리 만져도 보고, 뒤집어도 보고, 한입 베어 물어도 보고, 사과에 스민 햇볕도 상상해 보고, 그렇게 보는 것이 진짜로 보는 거예요. 무엇이든 진짜로 보게 되면 뭔

가 자연스럽게 느껴지는 것이 있어요. 샘에 물이 고이듯이…….

관찰에서 중요한 것은 '관점'이다. 같은 현상이라도 어떤 관점으로 보느냐에 따라 의미가 달라지기 때문이다. 우리는 '삶이 깃든 공간'이라는 관점으로 학교의 공간과 그 안에서 펼쳐지는 교육 활동을 성찰했다. 그렇게 '관찰'함으로써 이전에 보지 못했던 문제를 발견하고, 더 나아가 그에 대한 해법을 찾고자 했다.

### (4) 상상과 기획

해법은 거창한 사업이 아니라 '반짝이는 상상'으로 모색했다. 그 안에서 어떤 삶이 펼쳐지기를 바라는지 마음껏 꿈꾸고, 그렇게 하려면 어떤 공간이 필요한지 상상했다. 이러한 상상이 공상으로 흐르지 않으려면 꼼꼼한 기획을 거쳐야 한다.

이 단계에서는 전문가의 조언이 필요하다. 앞서 특강에 참여한 네 분의 전문가들이 수시로 도움을 주었으나 그걸로 충분치 않았다. 그 아쉬움을 동료 연구원들로 채웠다. 우리는 서로의 연구계획서를 보며 보완할 점을 적극적으로 조언했다. 이 활동은 주로 모둠으로 진행했다. 모둠에서는 초·중·고등학교 선생님이 서로 어울렸는데, 서로 생각지 못했던 부분을 보완할 수 있어서 정말 유익했다. 부설학교 실천연구의 큰 장점이다.

앞서 밝혔듯이 우리에게는 예산도 능력도 없었다. 그런 상황에서도 삶을 엮어가는 공간을 우리 스스로 가꾸고자 네 개 부설학교에서 16명의 연구원이 모였다는 사실은 조금 놀라웠다. 우리는 '걸림돌도 밟고 올라서면 디딤돌이 된다.'라는 마음으로 서로를 다독였다. 그런 애틋한 마음이 있어서인지 서로의 연구계획서에 대해 진심을 담은 충고를 아끼지 않았다.

이렇게 마련한 계획을 교실에서 실천하는데, 이 단계에도 관찰은 필수이다. 학생들의 반응을 보고 또 다른 문제를 찾아 수정해야 하기 때문이다. 이런 나선형 과정을 몇 차례 거치면서 교사와 학생은 함께 성장하게 된다.

### (5) 보고서로 갈무리

교사와 학생의 성장 이야기는 각자 보고서에 담았다. 우리 연구 보고서는 학교 공간혁신에 열성적으로 매달렸던 간증도 아니요, 그 과정을 냉철하고 체계적으로 분석한 논문도 아니다. 교사와 학생의 성장 이야기를 스토리텔링 방식으로 소박하게 정리했다는 점에서 질적연구 방법 가운데 '자문화기술지'에 가깝다. 핵심 질문은 다음과 같다.

- 교사는 왜 그 문제에 관심을 가졌고, 해결하려고 어떻게 노력했고, 무엇을 배웠나?
- 학생들은 그 일에 어떤 반응을 보였고, 어떻게 참여했고, 어떻게 성장했나?
- 교사와 학생은 공간을 어떻게 변화시켰고, 그것이 교사와 학생을 어떻게 변화시켰나?

연구원 16명이 제출한 보고서의 제목은 다음과 같다.

| 영역 | 이름 | 학교급 | 주제 |
|---|---|---|---|
| 학급 영역 | 이진아 | 초 | 내 마음이 보이니? |
| | 이승은 | 초 | 독서 활성화를 위한 교실 구석 도서관 |
| | 백승하 | 초 | 앉고 싶은 우리 반 자리 만들기 |
| | 문정원 | 중 | 우리만의 'gezelligheid'를 깨달아가는 여정 |
| | 이지애 | 중 | 우리가 만들고 함께 돌보는 교실 |
| 교과 영역 | 서정아 | 중 | 사이언스 라운지에서 머무는 시간 |
| | 주지원 | 중 | 참새가 방앗간 드나들 듯 찾아오는 체육 교실 |
| | 김형국 | 중 | 365일 찾아가고 싶은 트랜스포머 음악실 |
| | 전태상 | 중 | 다양한 관점으로 만들어본 우리 공간 |
| | 서미선 | 고 | 책 읽기를 돕는 수업 공간 |
| | 권정혜 | 고 | '따로 또 같이' 복합 가정교과실 |
| 공용 영역 | 이정호 | 초 | 미지의 사랑반을 놀이하는 사랑방으로 |
| | 박연화 | 초 | 학교 실내 공기 질 향상 방안 |
| | 이병인 | 중 | 누구나 쉽게 찾아와 마음을 나누는 위클래스 |
| | 최예윤 | 고 | 우리가 꿈꾸는 도서관 |
| | 하만호 | 고 | 문화 학습의 공간으로 되살아난 뒤뜰 |

## 아쉬움, 새로운 연구를 위한 동력

앞서 우리 연구의 제약을 몇 가지 얘기했지만 가장 심각한 문제는 연구 기간의 촉박함이었다. 2학기에 연구를 시작해서 연말에 실천연구 결과를 담은 《샤교육저널》을 발행해야 했기에 여유가 없었다. 준비와 정리를 빼면, 실제로 연구에 집중한 기간은 10월 한 달이었다. 말도 안 되는 일정이었다. 하지만 이런 제약에 무릎 꿇는 대신 우리가 할 수 있는 일에 최선을 다하고자 노력했다.

이 책에 실린 보고서들은 그런 과정을 거쳐서 나왔다. 우리가 쓴 보고서는 완성된 집이 아니다. 아직은 설계도에 불과하다. 우리는 보고서를 제출한 이후에도 이 설계도에 따라서 연구를 이어갈 예정이다. 독자들도 우리가 그린 설계도를 보면서 어떤 집이 탄생할지 상상해 보기를 권한다. 더 나아가 독자들이 삶을 엮어가고 있는 집과 학교를 한번 돌아볼 마음이 생긴다면…… 그야말로 가장 바라는 바이다.

우리는 이제 작은 깃발 하나를 막 들어 올렸다. 지난 과정을 돌아보니 이 작은 깃발 하나 세우는 일도 상상할 수 없을 만큼 힘들었다. 힘들지만 이렇게 길을 여는 일은 무척 소중하다고 믿는다. 물꼬를 텄으니 앞으로 더 많은 교사가 더 많은 연구에 참여하기를 기대한다.

'시작이 반'이라고 한다. 시작했으니 이미 절반은 마쳤다는 말이 아니다. 첫 발걸음이 그만큼 무겁고 어렵다는 뜻이다. 변변한 예산도 없었고 연구 기간도 턱없이 짧았지만, 우리는 벅차게 발걸음을 뗐다. 그 걸음이 어디로 향하고 얼마나 멀리 나아갈지 자못 설렌다.

# 2
# 내 마음이 보이니?

이진아


이진아

초등교육을 전공하고 '초등음악교육'으로 석사학위를 마친 후 음악을 통한 어린이들의 정서 발달에 노력하고 있다. 음악으로 마음을 치유하는 음악치료학에 관심을 가지고 공부하고 있으며, 감성 교실, 공감 교실 만들기를 위해 노력하고 있다. 우리 반에서는 항상 아이들의 노랫소리가 들린다. 우리 아이들의 기억 속에 '함께 노래하던 선생님'으로 남고 싶다.

# 내 마음이 보이니?

2020년 초부터 시작된 코로나19로 당시 1학년 아이들은 평생 한 번뿐인 입학식도 못 하고 학교에도 많이 나오지 못했다. 홀짝 번호로 나오거나 줌으로 화면 속에서 만나고 친구와 직접 만나지 못하다 보니, 한 학기가 지났는데도 서로 서먹하고 어색해했다. 다행히 올해 1학년은 매일 등교하여 친구를 사귀면서 즐겁게 지내고 있다. 서로 얼굴을 보며 말하고 마음을 나누는 일이 얼마나 소중한지 새삼 느낀다. 교실은 그냥 공간이 아니라 아이들이 성장하는 곳이다. 그 안에서 아이들의 세상이 펼쳐진다. 나는 24명의 아이와 함께 살아가는 교실이라는 작은 공간의 변화가 어떤 결과를 만들어낼지 궁금해서 이 연구에 참여했다.

## 감정은 역량이다

사람은 사회적 존재이다. 사람과 사람이 관계를 맺는 데는 여러 가지

능력이 필요하다. 그 가운데 하나가 '공감'이다. 공감은 타인의 사고나 감정을 자기 내부로 옮겨 넣어 타인의 체험과 동질의 심리적 과정을 만드는 일이다. 공감 능력은 성인이 되어서도 사회적인 관계에서 큰 영향을 미친다.

최근 북미와 유럽에서는 학교폭력 문제를 해결하기 위해 학교에서 '감정'과 '공감'을 가르치고 있다. 사람의 감정이란 무엇인지, 감정을 어떻게 표현하고 어떻게 받아들여야 하는지, 상대의 감정에 공감하는 일이 얼마나 중요한지 등을 다양한 방법으로 교육한다. 그 결과 학교폭력 문제가 줄었다고 한다. 결국 학교폭력의 원인은 공감 능력 부족에서 온다고 할 수 있다. 최미경·이서영도 '공감 중심 학교폭력 예방 교육'이 학교폭력 예방은 물론 공감 능력 향상에도 효과가 있다고 밝혔다.[1]

스탠퍼드대학교 심리학과 교수 자밀 자키(Jamil Zaki)는 공감은 타고난 능력이 아니라 연습을 통해 키우고, 목적과 필요에 따라 높이거나 낮출 수 있는 기술임을 신경과학 연구를 통해 밝혔다. 그의 말대로 공감 능력을 기를 수 있다면 학교 현장에서도 이를 기를 수 있는 환경을 마련해 줘야 한다는 생각이 들었다. 초등 1학년 때부터 연습을 통해 공감 능력을 키우고 이로 인해 사회성이 발달한다면, 더 나아가 자기 마음을 이해하고 어루만져 주는 자기 공감 능력도 키운다면 우리 아이들이 좀 더 행복하게 살 수 있지 않을까?

학습으로 배운 내용을 내 것으로 만드는 데 가장 좋은 방법은 경험과 반복적 훈련, 그리고 실천이다. 이것을 교실에서 할 수 있다면 좀 더 따

1 최미경·이서영(2015), 〈공감중심 학교폭력예방교육을 통한 학교부적응청소년의 공감능력, 학교폭력 인식과 태도변화에 관한 연구〉, 《청소년복지연구》 17(1).

뜻한 학급이 되지 않을까? 자기를 사랑하고 친구의 마음에 공감하는 따뜻한 교실을 만들 수 있지 않을까? 이것을 1학년 아이들이 쉽게 할 수 있는 방법이 무엇일까 고민해 보았다.

## 네 마음을 보여줘

어떻게 하면 감정을 배우고 서로의 마음을 이해할 수 있을까? 공감을 어떻게 가르칠 수 있을까? 어떻게 하면 서로의 감정을 이해하고 상대의 감정을 있는 그대로 받아들이도록 할 수 있을까? 이런 고민을 하다가 우리 반 아이들이 좋아하는 개인 화이트보드를 생각했다.

비대면 수업에 활용하려고 장만한 작은 화이트보드인데 아이들이 참 좋아하는 학습 도구이다. 아이들은 잠깐이라도 짬이 나면 자기만의 작은 공간에 그림도 그리고 글씨도 쓰고 교사에게 사랑도 표현한다. 자기만의 공간에 무언가를 표현하기를 즐기는 아이들을 보며 생각해 낸 것이 대형 화이트보드였다. 대형 화이트보드에 24개의 칸을 만들어 공간을 마련해 주고 그곳에 자신의 감정을 표현하도록 하는 것이다.

이걸 실행하기 전에 아이들 생각이 궁금했다. 우리 아이들은 어떻게 생각할까? 아이들에게 교실에서 하게 될 마음 나누기 활동을 설명하고 내가 생각한 마음 나누기 방법을 알려주었다. 그림이나 글로 자기의 마음이나 기분을 표현한 후, 친구의 마음에 공감해 주는 활동이라고 설명했다. 눈을 반짝이며 듣는 아이들의 반응은 매우 긍정적이었다.

약간 흥분한 목소리로 꼭 하고 싶다고 했다. 24명 모두 찬성했다. 생각지도 못한 반응이었다. 들떠서 뭔가 신기한 일이 일어날 듯한 표정으로 좋아했다. 아이들이 하고 싶어 하는 이유는 이러했다.

- 내 마음을 표현해 보는 것이 좋다. 기대된다.
- 친구의 마음을 알 수 있어서 좋을 것 같다. 친구를 이해할 수 있을 것 같다.
- 우리 반에서 뭔가 특별한 것을 한다는 것이 좋다. 특별한 교실이 될 것 같다.

역시 아이들은 긍정적이다. '우리가 지킬 약속'에 대해서도 의견을 나누었다. 칠판 사용 규칙인 셈이다. 아이들과 함께 만든 약속은 다음과 같다.

① 장난으로 사용하지 않는다.
② 친구 공간에 낙서하거나 친구가 쓴 것을 지우지 않는다.
③ 내 기분이 어떤지 생각해 보는 시간을 갖고 솔직하게 표현하려고 노력한다.
④ 친구에게 속상한 마음이나 안 좋은 기분을 쓸 때, 그 친구 이름은 쓰지 않는다.
⑤ 친구의 마음을 본 후, 마음 나누기를 하려고 노력한다.

우리가 정한 규칙이니 잘 지키기로 약속했다. 하지만 아이들이 자신의 감정을 잘 표현할 수 있을까? 끝까지 할 수 있을까? 내심 걱정도 되었다.

## 대형 화이트보드의 등장

교실 안에 대형 화이트보드 두 개를 놓을 공간을 마련하기 위해 책꽂이 세 개를 반대편 벽으로 옮겼다. 다음 날 아침, 아이들은 오자마자 놀라면서 좋아했다. 아이들은 작은 변화에도 이렇게 설레고 좋아한다는 것을 느낄 수 있었다. 아이들의 마음이 움직인 것이다.

아이들과 나의 뜻을 모아 화이트보드에 '내 마음이 보이니?'라고 이름을 붙였다. 먼저 내 마음을 들여다보고 다른 사람의 마음을 이해하는 게 좋겠다고 생각했기 때문이다. 대형 화이트보드를 24칸으로 나누니 아이마다 개인 화이트보드의 세 배쯤 되는 공간이 생겼다. 각자에게 공간을 나눠주고 글과 그림 등 자유롭게 자기 마음을 표현하라고 했다. '시작!'이라는 말이 끝나자마자 아이들은 자기 공간에 붙어서 그림을 그리고 글을 적었다. 아주 재미있어 하는 표정들이었다. 옹기종기 모여 칠판에 붙어 열심히 하는 모습이 귀여웠다.

'내 마음이 보이니?' 교실 설치 모습

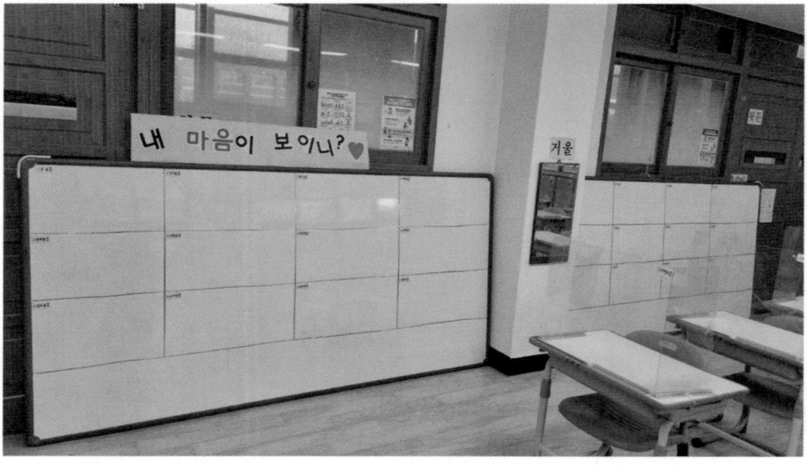

칠판 앞에 모여 '내 마음 표현하기'를 하는 아이들 모습

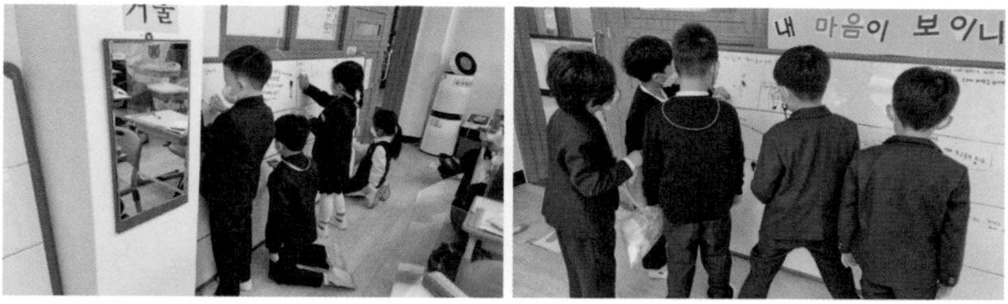


## 아이들을 너무 믿었던 걸까

며칠이 지나자 감정 표현에 어려움을 느끼는 아이들이 생기고, 심지어 빈칸으로 두는 아이들도 있었다. 어린 1학년 아이들로서는 자기 기분을 표현하는 일이 쉽지는 않겠다고 생각하여 감정 표현을 연습했다. '내 마음 들여다보기'라는 학습지를 만들어 주고, 감정을 표현하는 말을 찾아 감정을 색으로 표현하도록 했다. 좋은 감정은 노란색, 싫고 부정적인 감정은 빨간색, 때에 따라 다를 수 있는 감정은 초록색 등으로 나눠보고, 감정이 잘 생각나지 않을 때는 학습지를 보면서 비슷한 감정을 찾아 써보자고 했다.

표현이 조금씩 다양해졌다. '상쾌하다. 지겹다. 날아갈 것 같다. 슬프다. 우울하다' 등의 표현을 쓰기 시작했다. 동현이는 내게 와서 "선생님, 부담스러운 게 뭐예요?"라고 묻기도 했다. 자신의 감정을 물어보고 친구들이 쓴 감정 표현을 보면서 배웠다.

하지만 평소 말이 없거나 잘 웃지 않는 등 감정 표현을 어려워하는 아이들은 자기 마음 표현에도 서툴렀다. 이 아이들의 감정 표현이 어떻게 달라지는지 주목해 보기로 했다.

'내 마음 들여다보기(감정을 표현하는 말)' 학습지

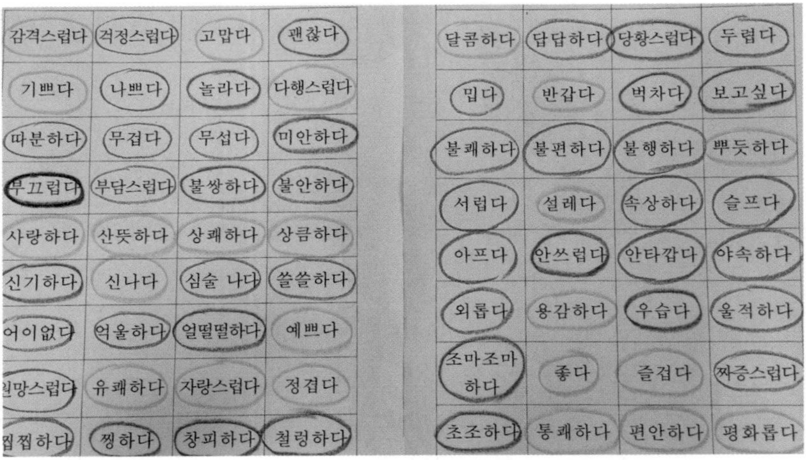


## 마음 표현을 넘어 공감으로

'내 마음 표현하기'는 조금씩 다양해졌지만, 친구 마음에 공감하기는 여전히 잘 되지 않았다. 아직 1학년이다 보니 공감의 방법을 모르는 아이도 있었다. 좀 더 쉽게 접근하기 위해 방법을 구체화하기로 했다.

우선, 등교하면 오늘 자기와 마음을 나눌 공감 친구를 뽑는다. 교사와 우리 반 24명의 번호가 적힌 25개의 번호표 가운데 하나를 뽑은 후 자기 이름 옆에 공감 친구를 적는다. 그리고 그날의 공감 친구를 생각하며 그 친구와 이야기를 나누도록 했다.

공감을 나누는 방법도 쉽게 설명해 주었다. 1단계는 친구가 쓴 마음을 보면서 그대로 '다시 물어보기'이다. 공감 친구가 칠판에 '오늘 기분이 안 좋다.'라고 썼다면 '○○아, 오늘 기분이 안 좋아?'라고 물어보는 것이다. 또는 '바람이 불어 상쾌하다.'라고 썼다면 '○○아, 바람이 불어서 상쾌해?' 이렇게 친구가 한 말을 그대로 되물어 준다. 그러면서 조금씩 늘려가도록 했다.

- ○○야, 오늘 아침에 비 와서 좋아? 난 비 오는 거 싫은데.
- ○○아, 엄마한테 혼나서 속상했어? 지금은 어때?
- ○○야, 선생님께 칭찬받아서 좋았구나. 나도 칭찬받으면 기분 좋아.
- ○○아, 할머니가 아프셔서 마음이 아프구나. 많이 아프셔?

아이들은 나의 공감 친구가 되기도 한다.

- 선생님, 오늘 검사할 게 엄청 많네요. 힘드시겠어요. 제가 도와드릴까요?
- 선생님, 기분이 좋아 보여요. 우리가 선생님 기쁘게 했어요?
- 선생님, 친구들이 선생님 말씀을 잘 듣지 않아서 속상하시죠? 저도 속상해요.

아이들은 내게 다가와 공감을 해주었고 말없이 도와주기도 했다. 어린 줄만 알았는데 이렇게 마음을 알아주는 모습이 감동적이었다. 내가 뽑은 공감 친구도 있다. 나는 공감 친구를 불러서 기분을 묻고 공감을 해주고 더 챙겨주고 있다. 그래서 아이들은 나를 뽑고 싶어 하고, 내게 뽑히고 싶어 했다. 바쁘다는 핑계로 한 명 한 명 살뜰히 챙기지 못하는 경우가 많았는데, 아이들에게 조금 더 다가가는 계기가 되었다. 소중한 시간이었다.

## 마음의 텃밭에서 한 뼘 자란 아이들

학부모들은 이 활동에 대해 어떻게 생각할까? 교실에서 이루어지는 새로운 활동에 기대하는 효과, 바라는 점 등을 자유롭게 적어달라고 부탁했다. 모두 긍정적인 반응이라 연구에 대한 책임감을 느꼈다.

- 우리 아이가 아직 자신의 감정을 어떻게 표현하는지 모릅니다. 이 기회를 통해 자신의 감정을 표현하고 다른 사람을 이해할 수 있기를 바랍니다.
- 친구들에게 편지 쓰는 기분이 든다고 합니다. 매우 만족스럽습니다.
- 아이들이 쓴 글을 사진으로 찍거나 메모를 해서 학년이 끝날 때 즈음 1학년을 추억할 수 있는 자료로 활용할 수 있으면 좋겠습니다.
- 공감이 사회성 발달에 도움이 되리라 기대합니다.
- 타인의 마음을 존중하고 이해하며 협력하는 관계가 되길 희망합니다.
- 학년이 끝나도 계속 이용할 수 있는 공간이 되면 좋을 것 같습니다.
- 아이가 자기 기분만 중요하게 생각하는데, 이 기회를 통해 상대방 처지에서도 생각해 보는 계기가 되었으면 합니다.
- 친구들과 서로 마음을 이해하고 친밀도를 높이기에 좋은 것 같습니다.
- 공부보다 인성을 더 신경 써야 하는 요즘, 아이들이 다가가기 편하고 재밌는 방법으로 인성이 발달할 수 있을 것 같습니다.
- 어릴 때 자기 자신에 대해 생각해 보는 것이 중요하기에, 스스로 자기 마음을 생각하고 표현할 수 있다는 점에서 의미가 있을 것 같아요.
- 자기를 돌아보는 계기가 되어 자기 자신을 더 사랑하게 되면 좋겠습니다.

- 서로의 마음을 잘 이해할 수 있고, 마음을 글로 표현할 수 있어서 좋습니다.
- 혼자만의 고민이 있어도 친구와 함께 나눌 수 있다는 든든한 마음 공간이 되는 것 같아 앞으로 더 기대됩니다.
- 감정을 글이나 그림으로 편하게 표현할 수 있어서 매우 좋을 것 같아요.

**학부모 설문 결과**

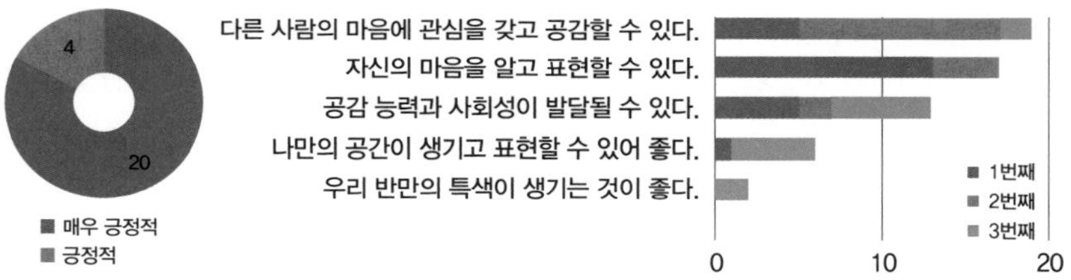


연구를 시작한 지 4주 정도 지났을 무렵, 아이들에게도 질문을 했다. 아이들은 어떻게 생각하고 있으며 그동안 어떤 변화가 있었을까? 학부모의 도움을 구해 아이들이 답을 할 수 있도록 했다. 설문 결과는 다음과 같다.

**질문1. 마음 나누기 활동을 하면서 가장 좋았던 점은 무엇인가요?**

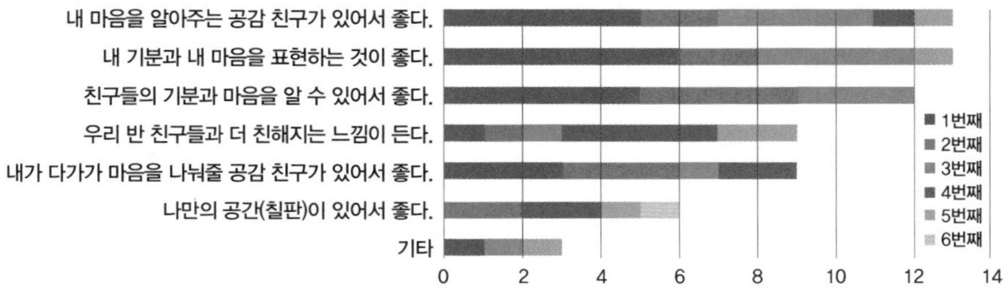

**질문2. 나의 공감 친구가 있어서 가장 좋은 점은 무엇인가요?**

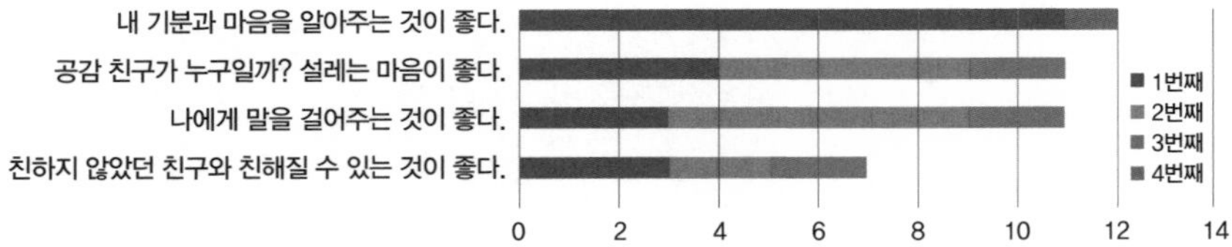


**질문3. 이 활동을 하며 어려웠던 점이나 더 잘하고 싶은 것은? (2개 선택)**

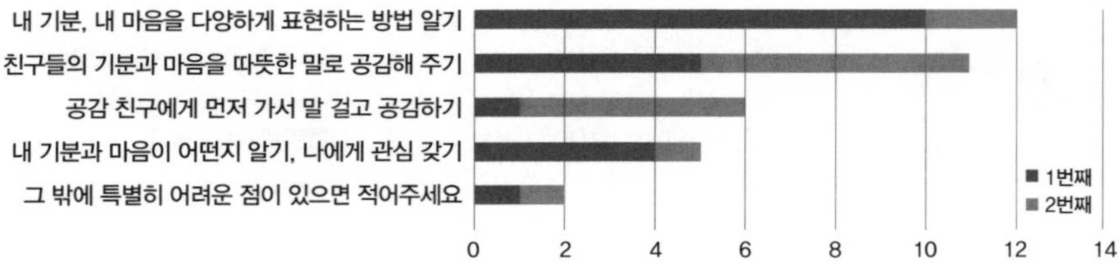


설문 결과를 보니 아이들은 이 활동의 의미가 무엇인지, 자신이 잘하고 싶은 것과 더 노력해야 할 점이 무엇인지를 정확히 인식하고 있었다. 아이들은 어떻게 하면 감정을 다양하게 표현할 수 있는지 알고 싶어 했고, 친구의 감정을 더 따뜻하게 공감해 주고 싶어 했다. 아직은 부족하지만, 더 잘하고 싶은 마음이 있기에 노력한다고 했다. 쉬는 시간만 되면 칠판 앞으로 가서 자신만의 공간 속에 이야기를 늘어놓는 아이들이 사랑스럽다.

## 나에게로 와서 꽃이 된 아이들

초등학교 저학년 아이들은 자기중심적이라 타인에 대한 배려가 어렵다고 한다. 하지만 우리 반 아이들은 '내 마음이 보이니?' 공간을 통해 자신과 친구와 선생님을 바라볼 수 있는 마음의 눈이 조금씩 열리고 있다. 타인의 감정에도 관심을 가지는 것이다. 감정을 솔직하고 건강하게 표현함으로써 자기를 더 사랑하게 되리라는 믿음이 생긴다.

이 연구를 통해 교실 안 온도가 달라졌다. 아이들은 자신의 기분을 들여다보게 되었고, 표현도 다양해졌으며, 친구들에게 다가가 서로의 기분을 이해하려고 했다. 교사인 나와의 관계도 달라졌다. 나를 공감 친구로 뽑기를 바랐고, 나의 공감 친구가 되고 싶어 했다. 아이들이 나에게 다가오고, 나도 아이들에게 다가가고 있다.

연구를 진행하면서 우리 아이들이 자신을 사랑하고 타인의 마음에 공감할 줄 아는 단단하고 건강한 마음을 가진 아이로 성장하길 바랐다. 길지 않은 기간이었지만 교실 안에서 일어난 작은 변화가 그래서 더욱 감사하게 느껴진다.

'고작 ○○ 하나 바꿨을 뿐인데……'라는 문구가 마음을 움직여 연구를 시작했는데 정말 이 말이 맞았다. 나도 아이들도 한 뼘 자란 느낌이다. 이름을 불러주었을 때 나에게로 와서 '꽃'이 되는 것, 이것이 '내 마음이 보이니?'가 준 가장 소중한 의미가 아닐까?

# 3
# 독서 활성화를 위한 교실 구석 도서관

이승은

이승은

한국과 미국에서 초등교육을 전공하고 영어 및 국제교육을 연구하고 있다. 다양한 국가의 학생들과 함께 행복한 교실을 만들어가고 있으며, 그들을 진정한 세계시민으로 양성하기 위해 노력하고 있다. 코로나19 확산으로 인해 한국으로 들어와 2021년에 서울사대부초에서 근무하며 이 연구에 참여했으며, 현재 숭의초등학교에서 교육 활동을 이어가고 있다.

# 독서 활성화를 위한 교실 구석 도서관

미국이나 유럽에서는 교사마다 교실 하나가 주어지며, 그 공간을 교사 재량에 따라 자율적으로 활용할 수 있다. 학생의 특성을 파악하여 다양한 모양의 의자와 책상을 설치하거나, 교실 뒤편에 매트를 깔고 앉아서 수업하기도 한다. 하지만 매년 교사가 교실을 이동해야 하고, 그에 따라 대동소이한 구조를 가진 한국의 교실에서는 학생들의 삶을 가꾸는 교육을 제공하려면 어떻게 해야 할까?

올해 담임을 맡아 연구를 진행한 교실은 1학년 귀국학급이다. 외국에서 오래 생활하다 귀국한 학생들이 언어와 문화가 다른 한국의 학교생활에 잘 적응할 수 있도록 지원하기 위한 특별학급이다. 귀국학급의 정원은 10명이라 다른 학급에 비해 교실 크기가 작다. 이 교실에서 아이들이 1년 동안 더욱 재미있고 행복하게 한국 교육에 적응하도록 도울 방법을 고민하게 되었다.

학생들은 친숙하지 않은 언어를 배울 때 독서를 통해 비교적 자연스럽게 습득할 수 있다. 책을 통해서 언어 수용 능력(language receptive skills)을 기르고 독해력을 향상할 수 있으며, 다양한 문화의 삶을 간접적으로 경험하게 된다. 더 나아가 책의 등장인물을 다양한 시선에서 바라봄으로써 타인에 대한 공감 능력과 자신을 되돌아보는 능력을 키울 수 있다. 이런 경험은 학생들에게 목표 언어에 대한 정의적 여과막(affective filter)을 낮춰주고, 그들이 몰입하여 언어를 습득할 기회를 제공한다.

학교 교실은 학생들이 집 이외에 가장 많은 시간을 보내는 공간이다. 이 연구에서는 삶의 핵심적인 공간인 교실에 책을 접할 수 있는 독립적인 구역을 만듦으로써 학생들의 독서를 활성화한다는 목표를 세웠다. 공간을 넓히거나 기자재 배치를 완전히 새롭게 바꾸기 어려운 현실적인 상황을 고려하여, 학생들과 함께 교실 구석에 작은 도서관을 만들고 그 실효성을 확인하고자 한다. 귀국학급 학생들이 교실에서 책에 흥미를 갖고 우리말을 자연스럽게 접하며, 가장 편안한 마음으로 그 안의 세계를 탐구했으면 한다.

## 지루하고 똑같은 독서 시간

아이들이 많은 시간을 보내는 교실에는 함께 책을 읽을 공간이 충분치 않다. 편안한 자세로 몰입할 수 있는 시설 또한 부족하다. 아이들은 고정된 자기 자리에 앉아 혼자 책을 읽을 수밖에 없다. 이런 상황에서 과연 모든 아이들이 책 읽기를 즐기고 있을까?

1학기 초부터 좋아하는 책을 가져와서 읽는 독서 시간을 매일 아침 20분씩 운영했다. 코로나19 확산으로 개별 활동이 권장되는 상황이기도 하고 서로 어색하기도 해서인지 침묵 속에서 가져온 책들을 째려보거나 가끔 졸기도 했다. 자기 자리에서 벗어나면 안 된다는 규칙이 존재하는 것 같았다.

게다가 1학년 1학기 국어 1단원의 주제는 '바른 자세로 읽고 쓰기'이다. 지도서에서는 '바르게 읽는 자세'에 대해 다음과 같이 밝히고 있다.

> 허리를 곧게 펴고 책상 앞에 바르게 앉아 책과 눈 사이의 거리를 적당히 두고 읽는 것

얼마 지나지 않아 배운 내용을 그대로 실천하고자 꼿꼿이 의자에 앉아 책을 들고 읽는, 마치 복사한 것 같은 모습을 관찰할 수 있었다. 그 모습을 지켜보며 '과연 아이들이 지금 읽고 있는 내용을 마음에 편안하게 담을 수 있을까?'라는 의문을 품게 되었다.

시간이 조금 흐르고 학교 분위기에 어느 정도 적응하니 여기저기서 불만이 나왔다.

> "선생님, 꼭 자기 자리에서 읽어야 하나요?"
> "집중이 안 돼서 다른 곳에서 읽고 싶어요."
> "친구가 읽고 있는 책이 궁금한데 같이 읽으면 안 되나요?"
> "읽는 자세가 불편해요."

모두가 무의식중에 갖고 있던 생각들이 봇물 터지듯 쏟아져 나왔다. 예상했던 질문들이 많아서 형식적인 답변을 주었지만, 아이들은 만족

하지 못한 표정이었다. 만약 코로나19가 종식된 상황의 학교 교실이라면 어떨까? 그때도 아이들의 질문에 같은 답변을 할 수 있을까?

## 책을 읽을 때 가장 편한 장소와 자세는?

내가 책을 읽을 때 자연스럽게 가는 곳은 소파다. 소파 위에 앉아서 쿠션을 끌어안고 책을 보는 것이 나의 완벽한 독서 자세이다. 다른 사람들은 어떠할까? 주변에 물어보니 침대에서 엎드려 읽는 것을 좋아한다거나, 누워서 베개를 받치고 읽는다는 사람도 있고, 부엌 식탁에서 차 한 잔을 마시며 독서를 즐기는 사람도 있었다. 왜 바른 자세로 앉아서 읽지 않냐고 질문하니, 허리를 세운 자세가 오히려 몸에 긴장을 주어 책의 내용이 눈에 잘 들어오지 않는다고 했다.

아이들의 실제 마음을 파악하고자 개별 면담을 했다. 학교에서 책을 읽을 때 정말 원하는 독서 자세가 무엇인지를 물어보았다. 모든 아이가 눕거나 엎드려 읽을 때가 제일 좋다고 답했다. 역시 사람은 나이와 상관없이 다 비슷하다. 누워서 읽으면 졸리지 않겠냐는 추가 질문에, 다음 내용이 궁금해서 잠이 오지 않는다고 했다. 독서에 몰입할 수 있는 환경이 갖춰지면 배움은 자연스럽게 따라오리라 믿는 계기가 되었다.

어른들이 생각하는 것보다 또래 친구의 영향력은 엄청나다. 책을 읽기 싫어하고 장난을 치려는 아이에게 선생님의 백 마디 잔소리보다 친한 친구의 책 읽는 모습이 더 효과적이다. 또래 친구들의 행동은 자신을 돌아보게 하며 마음을 울린다. 아이들은 독서 과정에서 또래 간의 상호작용을 통해 타인을 대하는 태도 같은 사회적 기술을 배우며, 자신

의 또래 관계를 되돌아보고 심리 갈등을 해소할 수 있다.[1]

그러므로 '함께 책 읽기(shared book reading)'를 할 수 있는 환경이 무척 중요하다. 이런 깨달음은 교실 구석 도서관의 가구를 선택하는 데에 큰 영향을 미쳤다.

## 교실 구석 도서관 만들기

그동안 관찰과 면담을 통해 수집한 자료를 기반으로 머릿속에 구석 도서관의 이미지를 그리기 시작했다. 일반학급보다 작은 귀국학급 교실에 구석 도서관을 만들기 위해서는 공간을 효율적으로 활용해야 했다.

이미 설치된 책장을 활용하기 위해 교실 문 바로 오른쪽 공간에 구석 도서관을 만들기로 했다. 평소 잘 쓰지 않는 교탁을 과감히 빼고, 아이들의 책상 배치를 옆으로 옮기니 한 평 남짓한 조그마한 공간이 나왔다.

구석 도서관을 만들기 위한 공간 정하기

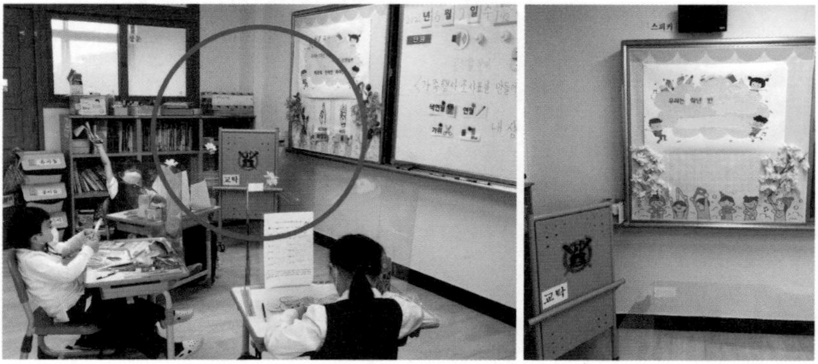


1 이은정·박지홍(2020), 〈초등학생 또래관계 네트워크 특성이 독서능력에 미치는 영향〉, 《한국문헌정보학회지》 54(2).

본격적으로 공간을 꾸미기 전에 교육 주체의 의견을 수렴하기 위해 학생과 학부모를 대상으로 설문조사를 했다. 또 설문지가 낯설고 우리말에 익숙하지 않은 귀국학급 아이들을 위해 추가로 면담을 해서 최대한 다양한 생각을 들었다.

처음으로 질문을 던졌을 때 아이들의 표정이 아직도 생생하다. '선생님이 왜 저런 걸 물어보시지? 뭐가 바뀌는 것도 아닐 텐데.'라는 생각으로 혼란스러운 얼굴이었다. 하지만 질문의 의도를 설명해 주고 교실 구석에 작은 도서관을 함께 만들겠다고 얘기하자 이내 기대에 찬 표정을 지었다.

학부모 설문조사 결과는 흥미로웠다. 바른 자세로 읽으면 좋겠다는 의견이 많을 것 같았는데, 오히려 아이들이 선호하는 자세와 공간을 지지해 주는 학부모들이 많았다. 교과서에서 말하는 바른 자세로 책을 읽는다는 게 쉽지 않다는 걸 알고 계신 것 같았다.

학생·학부모 설문 및 면담 결과

| 설문 및 면담 질문 | 학생 답변 | 학부모 답변 |
|---|---|---|
| 집에서 책을 읽을 때 가장 좋아하는 장소는 어디인가요? | 침대, 거실 소파, 거실 매트, 부엌 식탁, 책상 | 침대, 소파, 베란다, 식탁 등 |
| 어떤 불빛에서 책을 읽는 것을 좋아하나요? | 어두운 불빛, 주황색 조명 | 형광등 |
| 어떤 자세로 책을 읽는 것을 좋아하나요? | 누워서, 엎드려서, 앉아서 | 소파에 누워서, 침대에 기대고 앉아서 등 |
| 책을 읽을 때 마음을 편하게 해주는 물건이 있나요? | 보드라운 이불, 인형 등 | 따뜻한 차, 간식, 음악 등 |

| | | |
|---|---|---|
| 교실에 우리만의 도서관이 생긴다면 어떤 물건이 있으면 좋을까요? | 바디 필로우, 담요, 소파, 쿠션, 인형, 다양한 책, 부드러운 러그, 독서등, 탁자 등 | 블루투스 스피커, 담요, 넓은 러그 등 |
| 학생들과 함께 만드는 교실 구석 도서관에 바라는 점이 있으신가요? | | 학생들의 마음이 편한 공간이었으면 좋겠다. 책이 다양했으면 좋겠다. |

설문 및 면담 결과와 관찰하여 수집한 정보를 바탕으로 교실 구석 도서관의 초기 모습이 탄생했다. 구석 공간에 맞는 러그를 깔고, 옮기기 쉬운 스툴 두 개를 가져다 두었다. 아이들이 함께 책을 읽을 때는 스툴을 붙이고, 개인 독서를 할 때는 떼어놓을 수 있는 구조다. 어두운 조명을 선호하는 아이들을 위해 나뭇잎 모양의 캐노피를 달아 형광등을 가려주었고, 책을 읽을 때 함께할 수 있는 인형들을 놓아두었다. 또한 배우고 있는 교과목의 주제와 관련된 그림책들을 모아두는 바구니도 갖다 두었다.

1차로 만든 교실 구석 도서관에서 책을 읽는 아이들의 모습

우리 반 아이들은 교실 구석 도서관이 마음에 드는지 쉬는 시간마다 가서 자유롭게 사용했다. 그런데 몇 주 동안은 책을 읽는 모습을 보였

지만, 차츰 구석 도서관이 놀이 공간이나 쉬는 공간으로 변해버렸다. 러그 위에서 블록놀이를 하거나 인형놀이를 하고, 심지어는 피곤하다며 인형을 깔고 자기도 했다.

다양한 교육 주체의 의견을 모아 만든 공간이 다른 용도로 쓰이는 것을 더는 지켜볼 수 없었다. 아이들과 함께 이 공간의 목적과 중요성에 대해 다시 이야기를 나누고 '책을 읽지 않는다면 들어갈 수 없다!'라는 단호한 규칙을 만들었다.

아이들이 추가로 요청하거나 문제를 제기한 사항도 많았다. 첫째, 공간이 너무 작다는 것이다. 모두 함께 누워서 책을 읽고 싶은데 그러기에는 러그가 너무 좁았다. 둘째, 의자가 더 컸으면 좋겠다는 것이다. 집에서 책을 읽을 때처럼 소파에 기대서 책을 읽고 싶다고 했다. 셋째, 책의 종류가 너무 한정적이라는 것이다. 도서관에서 책을 빌려오거나 중고 도서를 샀지만, 아이들에게 그림책은 일회적이라는 사실을 간과했다. 아이들은 갖춰둔 책에 싫증이 나서 구석 도서관에서 다른 행동을 한 것이다.

교실 구석 도서관을 보완하며 무게를 둔 것은 면적이다. 먼저, 교실

다시 만든 교실 구석 도서관

공간을 효율적으로 활용하기 위해서 동그란 러그를 사각 러그로 바꿨다. 교실이 사각형이어서 아이들이 엎드리거나 앉을 수 있는 공간이 조금 더 확보되었다. 또한 아이들의 성향에 맞추어 구석 공간을 분리하여 개인 공간을 마련했다. 거실 소파에 앉아서 책을 읽는 느낌을 줄 수 있게 쿠션과 큰 스툴을 설치하고, 앉아서 등을 벽에 대고 책을 읽기 편하게 낮은 책상을 두었다. 누워서 책을 읽고 싶어 하는 아이들을 위해서는 바디 필로우를 마음껏 쓸 수 있게 했다.

마지막으로, 아이들이 관심 있어 하는 주제의 책을 학교도서관에서 함께 빌려와 학급문고를 채웠다. 직접 대출한 책으로 구석 도서관을 채우니 이전보다 흥미를 갖고 책을 골라 읽었다.

## 함께 성장하는 교실

"선생님, 교실에서 누워 있으니까 정말 편해요! 우리 반 도서관이 있어서 좋아요."

"저기서 읽으니까 책을 더 잘 읽을 수 있는 것 같아요."

따로 개별 면담을 하지 않아도 아이들의 몸과 시선이 머무는 곳이 구석 도서관이라는 것을 알 수 있었다. 처음에는 교실에 누워서 뒹굴며 책을 읽을 수 있다는 사실에 어색해하며 서로 눈치를 살폈지만, 곧 가장 편안한 자세를 찾아서 책을 읽었다. 이제 구석 도서관은 누가 어떤 모습으로 책을 읽든 이상하다고 생각하지 않고 다 함께 즐겁게 책을 읽는 공간이 되었다.

이 연구를 통해 교육자로서 교실을 바라보는 시선이 달라졌음을 느낀다. 이전에는 사물함, 책상, 수납장 등 가구의 위치를 바꾸기가 번거로워 기존 분위기를 크게 바꾸지 않는 선에서 교육 활동을 했다. 하지만 학교 공간에는 아이들의 삶이 깃들어 있으며, 역으로 아이들의 삶에

**교실 구석 도서관에서 책을 읽는 모습**

도 큰 영향을 끼친다는 것을 알게 되었다. 교육 목표에 따라 교육 주체가 힘을 합쳐 공간을 혁신적으로 바꿀 수 있으며, 이는 아이들의 학습 습관과 생활 태도에 긍정적인 변화를 가져온다.

또한 성인들과 마찬가지로 아이들도 자신이 애착을 갖는 공간에서 과제를 수행할 때 효율과 성취감이 증가함을 확인했다. 앞으로의 교직 생활에서도 교실을 다양하게 활용하며 아이들의 삶이 깃든 공간으로 만들어나갈 생각이다

**상상 속 구석 도서관 스케치**

여러 가지 제약으로 이번 연구에서 원하는 바를 모두 실현하지는 못했다. 대신 상상을 그림으로 표현해 보았다. 구석 도서관이 숲 같았으면 좋겠다는 말에 영감을 얻어 중간에 나무 캐노피가 있는 초록빛의 공간을 디자인했다. 큰 나무에 함께 모여 책을 읽을 수 있는 느낌을 줄 수

있도록 공용 스툴도 설치했다. 불필요하게 교실 벽면을 차지하는 미닫이문과 큰 창문들도 하나의 여닫이문에 담아 책을 위한 공간을 확보했다. 책장을 낮게 두르되 중간에 U자 형태로 비워두었다. 아이들은 구석을 참 좋아하기에 U자 형태 구멍에서 상상력을 발휘하여 저만의 공간을 만들어낼 것이다.

다양한 아이디어가 모여 상상 속의 구석 도서관 모습이 그림으로 실현되는 모습을 보며, 연구가 끝난 후에 우리 반 구석 도서관이 나아가야 할 방향을 잡을 수 있었다. 연구 기간이 종료되어도 멈추지 않고 보다 학생 친화적인 공간을 만들기 위해 디자인을 계속 다듬을 예정이다. 공간이 좋아 책을 더 읽고 싶은, 그런 구석 도서관을 만들고 싶다.

# 4
# 앉고 싶은 우리 반 자리 만들기

백승하

**백승하**

ROTC 군 전역 후 2006년부터 교직을 시작했다. 1학년과 6학년 담임을 주로 했으며, 2021년에는 서울사대부초로 옮겨와 아이들을 가르치고 있다. 어떤 질문이든, 학생이 백 번 질문하면 백 번 대답해 주는 진짜 선생님이 되고 싶다.

# 앉고 싶은 우리반 자리 만들기

"선생님, 자리 언제 바꿔요?" 아이들이 입버릇처럼 하는 질문이다. 초등학교에 갓 입학한 1학년도 예외는 아니다. 수업을 방해하는 경우가 대부분이어서 교사의 대답은 그리 유쾌하지 않다. 하지만 혼나면서도 꿋꿋하게 반복한다. 참 한결같은 질문이다. 아이들은 왜 이렇게 자리에 관심이 많을까?

공간은 그곳에서 살아가는 사람이 주인이다. 그것이 바로 '공간주권' 이며, 공간에 대한 권리이다. 가족은 집에서 조금 더 편안하고 행복하게 생활하기 위해 가구를 옮기고 방을 꾸민다. 그렇다면 제2의 집인 교실을 조금 더 편안하고 행복한 공간으로 만들기 위해 학생들은 무엇을 할 수 있을까? 전 학년에 걸쳐 선생님을 괴롭히던 자리 바꾸기 질문은 단순히 자리를 바꾸기 위함이 아니었을지 모른다. 책상을 옮기고 자리를 바꿈으로써 딱히 할 것 없는 네모 교실에서 자신만의 '공간주권'을 찾으려고 했던 것은 아닐까?

## 바꿔볼까?

학부모와의 상담에서도 자리 얘기는 빠지지 않는다. 키가 작아서, 눈이 나빠서, 문에 가까워서, 햇볕이 싫어서, 덥고 추워서, 친구와의 관계 때문에 등등 다양한 이유가 있지만, 종합해 보면 자리 옮기기를 통해 편안함과 행복감을 얻으려는 의도이다.

우리 반 학생들은 5×5 모양으로 한 자리씩 띄어 앉는다. 새로운 자리는 한 달에 한 번 제비뽑기로 정하며, 매주 월요일에 앞으로 한 칸씩 이동한다. 가끔 그럴싸한 이유로 중간에 자리 바꾸기를 원하는 학생과 학부모가 있지만 결국에는 무심해진다. 왜냐하면 우리 반 자리 바꾸기는 공정하다는 것을 공감하기 때문이다.

교실에서 자리를 바꾸자는 건의는 시도 때도 없이 들려온다. 특별한 맥락이 있는 것이 아니라 심심풀이에 가깝다. 그런데 올해는 이 질문을 듣고 그냥 넘기기가 조금 불편했다. 사회적 거리두기 영향으로 초등학교 1학년 자리 배치가 항상 시험 대형이기 때문이다.

1학기는 은근슬쩍 넘어갔다. 하지만 2학기가 되면서 불편함을 느꼈는지 자리 바꾸기에 관한 얘기가 부쩍 늘었다. 1학년 수업에 꼭 필요한 짝 활동과 모둠 활동의 결과일까? 안쓰러운 마음에 원하는 걸 들어주기로 했다.

책상 배치도에서 자신이 앉고 싶은 자리를 선택하도록 하고 그 이유를 물어보았다. 처음에는 뭔지 몰라 어리둥절해하다가 곧 자리바꿈이라는 것을 깨닫고 차분히 쓰기 시작했다. 학생들은 앉고 싶은 자리를 천천히 고르면서 정말 앉고 싶은 자리를 선택해도 되는지 계속 물었다.
'그렇게 선택권이 없었나!'

앉고 싶은 자리 선택 결과

| 자리별 선택 횟수 | | | | | | 자리를 선택한 이유 |
|---|---|---|---|---|---|---|
| 뒤 | | 1 | | 2 | | |
| | | | | | | 1. 선생님과 화면이 잘 보여서: 17명 |
| | | | 1 | | | 2. 끝자리가 좋아서: 3명 |
| | 1 | | 1 | 1 | | 3. 빨리 움직일 수 있어서: 2명 |
| 앞 | 1 | 6 | 3 | 4 | 2 | 4. 친구와 이야기를 할 수 있어서: 1명 |

맨 앞자리를 16명(69.5%)이 선택했다. 중간 자리까지 합하면 20명(86.9%)이 교실 앞 공간에 앉기를 원했다. 자리를 선택한 이유로 선생님과 화면이 잘 보여서라는 응답이 17명(73.9%)으로 가장 많았다. 1학년에게 교사의 존재감이 지대하다는 것을 알 수 있다. 반면에 나머지 6명은 자리 선택의 기준이 자신과 또래와의 관계로 변해감을 짐작할 수 있다.

## 이렇게 앉을래요

아이들이 원하는 자리가 조금씩 다르다는 것을 알고, 다음에는 제비뽑기에서 먼저 뽑힌 순서대로 앉을 자리를 선택하도록 했다. 앞자리에 앉을 수 있는 10명까지는 자리 선택권을 주고, 나머지는 무작위 추첨으로 자리를 정하는 방식이었다. 자리 배치가 모두 끝나자 자리를 골랐던 학생 하나가 대뜸 말했다.

"저 다시 바꿀래요. 은호가 저기에 있어요."

자리에 대한 요구는 끝이 없었다. 그때 한 아이가 눈에 들어왔다. 의자 위에서 책상다리 자세를 하고 한쪽 무릎을 위로 올려 팔로 감싸고 앉아서 매시간 주의를 받는 학생이었다. 작은 몸집에 아직 유치원 티를 못 벗은 모습이었다. 의자 위에서 방바닥 생활을 즐기는 그 모습을 보며, 번뜩 교실 공간에 대한 아이디어가 떠올랐다. 책상과 의자를 없애 보면 어떨까!

아이들이 원하는 자리를 선택했던 소박한 경험은 교사가 가지고 있던 공간주권을 바람처럼 사라지게 했다. 자리에 대한 다양한 아이디어가 마구 쏟아져 나왔다.

- 천장에 매달려 공부하고 싶다.
- 침대에서 공부하고 싶다.
- 사물함 위에 눕고 싶다.

이런 의견은 잠시 접어두고, 공통적인 의견을 정리하여 다섯 가지 자리 모양을 만들었다.

- 짝 자리: 2명씩 앉는 자리
- 모둠 자리: 4명씩 앉는 자리
- 넓은 자리: 혼자 2명의 공간을 차지하는 자리
- 바닥 자리: 낮은 책상과 함께 바닥에 앉는 자리
- 일반 자리: 보통 교실에서 볼 수 있는 형태의 자리

내친김에 다섯 가지 모양의 자리를 배치하는 일도 아이들에게 맡겼다. 교실을 18개 구역으로 나누고 각 공간에 어울리는 자리 모양을 선택하게 했다.

교실 속 자리 모양의 위치

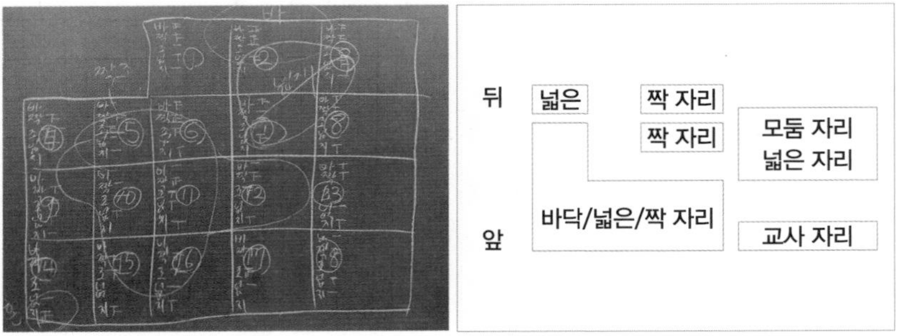


학생들은 다섯 가지 자리 모양이 모두 교실 앞쪽에 있기를 원했다. 교사와 가까운 공간은 〈모둠 자리〉와 〈넓은 자리〉가 위치하기를 원했고, 상대적으로 넓어 보이는 교실 앞쪽과 벽 근처엔 〈바닥 자리〉와 〈넓은 자리〉, 〈짝 자리〉를 두고 싶어 했다. 학생들의 의견을 참고하여 뒷문 근처와 교실 중간에 띄엄띄엄 〈짝 자리〉와 〈넓은 자리〉를 배치했다.

새롭게 바뀐 교실 공간

자리 모양에 따른 대략적인 위치는 쉽게 결정했지만, 1학년과 함께 교실 자리를 하나하나 세밀하게 배치하는 일은 쉽지 않았다. 〈바닥 자리〉를 몇 개로 할지, 〈모둠 자리〉와 〈짝 자리〉는 몇 개로 할지, 〈넓은 자리〉는 몇 개로 할지 하나하나가 문제의 연속이었다. 특히 선망의 대상인 〈모둠 자리〉와 〈짝 자리〉 개수를 정하는 데 진통이 있었다. 다행히도 이틀에 한 번 자리를 바꾼다는 조건으로 〈모둠 자리〉와 〈짝 자리〉를 최소화했다.

## 디자인된 공간

디자인된 인공물은 그것을 만들어낸 인간만큼 영향력이 있으며 그만큼 인간을 변화시킨다.[1] 새롭게 바뀐 교실 공간은 자리 바꾸기를 활발하게 만들었다. 이틀마다 한 번씩 11월 2일부터 11월 29일까지 자리를 열 번 바꿨다. 앉고 싶은 자리를 만들었지만, 누구나 앉고 싶은 자리에 앉을 수는 없었다. 결국 모두가 조금의 기다림을 선택했다. 제비 뽑힌 8명이 먼저 자리를 정하고 나머지는 다음번 자리 바꾸기를 기다리며 무작위로 앉았다.

자리를 바꾸는 날이 되면 모든 아이들의 눈이 TV 화면에 집중되었다. 민지는 아침에 등교하자마자 이렇게 말했다.

"기도하고 왔어요."

1 베아트리츠 콜로미나 · 마크 위글리(정현우 역, 2021), 《우리는 인간인가?: 디자인 - 인간의 고고학》, 미진사.

선택된 자리 누계와 수업하는 모습

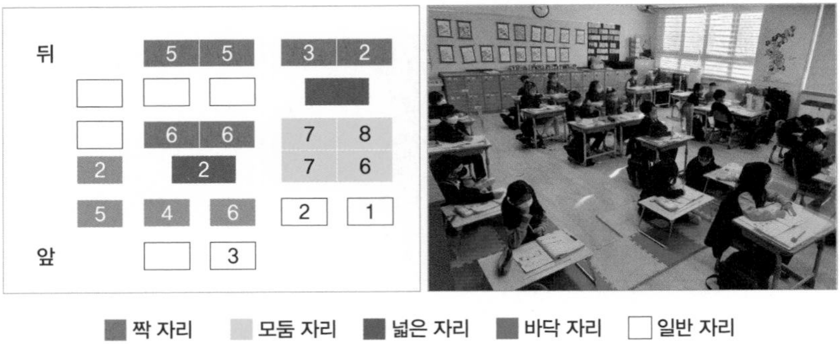


'두두두 두두두 짠' 효과음과 함께 8명의 학생이 차례차례 정해진다. 뽑힌 학생들은 함박웃음을 지으며 친구의 부러움 속에서 앉고 싶은 자리를 선택했다. 밤새 기도를 하고 왔다는 민지는 속상한 마음을 숨기며 이틀 뒤를 조용히 기다렸다.

사회적 거리두기로 인해 자리를 바꿀 때마다 책상과 의자를 동시에 옮겨야 했다. 말이 많기로 소문난 아이도, 개구쟁이 꾀돌이 아이도, 투덜이 아이도 이틀마다 자기 몸집만큼 큰 책상을 번쩍 들고 옮겼다. 불평 한마디 없는 것이 참 신기했다.

위의 왼쪽 그림은 한 달 동안 80명(8명×10회)의 아이에게 선택받은 자리를 누계한 자료이다. 이 자료를 보면 아이들이 앉고 싶은 자리의 특징을 파악할 수 있다.

먼저 아이들은 일반 자리보다 새롭게 디자인된 자리를 훨씬 좋아했다. 학생에게 공간주권이 있어야 함이 엿보이는 대목이다. 새로운 자리지만 넓은 자리는 소외되었다. 교실 공간이 한정되어 일반 자리와 넓은 자리 사이에 큰 차이가 없었기 때문이다.

둘째, 아이들은 여전히 앞 공간을 선호했다. 교실 뒷공간의 일반 자리는 한 번도 선택되지 않았지만, 교사와 가까운 앞 공간의 일반 자리는 제법 선택되었다. 또한 뒷공간 넓은 자리는 한 번도 선택되지 않았던 반면, 중간의 넓은 자리는 2회 선택받았다. 1학년에게 교실 앞 공간은 남다른 의미가 있어 보인다.

셋째, 아이들은 함께하는 자리를 좋아했다. 모둠 자리와 짝 자리의 누계 합이 55번(68.7%)으로 절반 이상을 차지했다.

## 마음이 어떻게 변하니?

자리를 바꿀수록 교실 내에 묘한 기류 변화가 생겼다. 아이들이 선호하는 자리를 정리해 보니 다음과 같았다.

가장 앉고 싶은 자리의 변화

| 순위 | 1~3회 | 4~6회 | 7~9회 |
|---|---|---|---|
| 1 | 바닥 자리(7명) | 모둠 자리(7명) | 짝 자리(10명) |
| 2 | 짝 자리(5명) | 짝 자리(6명) | 바닥 자리(6명) |
| 3 | 모둠 자리(4명) | 바닥 자리(6명) | 일반 자리(2명) |
| 4 | 넓은 자리(4명) | 일반 자리(3명) | 넓은 자리(2명) |
| 5 | 일반 자리(2명) | 넓은 자리(0명) | 모둠 자리(2명) |

### (1) 바닥 자리 이야기

의자를 버리고 교실 바닥에 앉는다는 것만으로도 바닥 자리의 매력은 충분했다. 선명한 주황색과 초록색 바닥은 아이들의 마음을 단숨에 사로잡았다. 하지만 바닥 자리에는 치명적인 단점이 있었다. 낮은 책상

에는 서랍이 없다. 가방은 바닥 자리로 인해 잠시 구석으로 밀려난 책상 위에 놓아야 했다. 실내화를 신고 벗는 것과 쉬는 시간마다 사물함에 가서 교과서를 가져오는 것은 매우 귀찮은 일이다. 자리 바꾸기가 거듭될수록 인기는 점점 시들어갔다. 바닥 자리를 경험한 아이들은 또다시 선택하지 않았다.

후반으로 가면서 바닥 자리에 새로운 바람이 불기 시작했다. 귀찮은 것을 싫어하는 남학생들이 떠나고 아기자기한 여학생들이 돌아온 것이다. 교실 바닥에는 경계가 없다. 경계가 없는 곳에는 자연스러운 만남이 생기기 마련이다. 바닥 자리의 낮은 책상은 분명히 하나하나 떨어져 있지만, 바닥이 연결되어 있었다. 그리고 이 연결은 모둠 자리와 짝 자리에서 실망한 아이들의 마음을 조금씩 채워주었다. 연구 기간 내내 바닥 자리가 가장 앉고 싶은 자리로 일정한 선택을 받았던 까닭은 한 번도 경험하지 않고 넘어가기에는 바닥 자리의 매력이 너무 컸기 때문이다.

### (2) 모둠 자리 이야기

자리가 사람을 만들었다. 바라본다는 것은 상대방의 말을 듣는 것이다. 바라보지 않으면 상대방에게 집중하기 어렵다. 교실에서 마주 앉아 선생님을 피해 서로의 얼굴을 편하게 바라볼 수 있다는 것은 마치 한배를 타고 항해를 나가는 느낌일 것이다. 결국 모둠 자리는 교사에게 꾸중을 듣는 자리가 되었다. 누가 앉아도 마찬가지다. 모둠 자리는 조별로 활동하는 자리이므로 이곳에서의 수업은 집중력이 짧은 1학년에게 딴짓을 할 수 있는 최적의 자리가 되었다.

모둠 자리를 맨 처음 떠난 건 여학생들이다. 이틀 내내 마주 대하니 친구 사이가 갑자기 가까워졌다. 모둠 자리는 바람만 조금 불어도 웃음과 잡담이 가득했다. 서로의 감시가 손쉬워 쓸데없는 고자질과 오해도 넘쳐났다. 덩달아 혼나는 일도 잦았다. 소소한 싸움이 가득한 모둠 자

리는 여학생들에게 부담스러운 곳이 되었다. 결국 마지막까지 모둠 자리를 지킨 것은 혼나도 재밌고 꾸중 들어도 금방 잊어버리는 흥 가득한 남학생들이었다.

### (3) 짝 자리 이야기

친한 친구끼리 짝 자리에 함께 앉으려는 시도가 있었다. 하지만 자리를 선택할 수 있는 8명 안에 짝을 원하는 2명의 아이가 동시에 들어가기란 매우 힘들었다. 결국 짝 자리는 내 옆에 누가 올지 모르는 로또 자리가 되었다. 당첨되는 방법은 쉽고 간단하다. 8명에 들어 짝 자리를 선택한다. 그리고 미리 포섭해 둔 친구가 8명에 들기를 바란다. 포섭해 둔 친구가 8명에 들지 않았다면 무작위 추첨으로 내 옆에 배정된 친구를 그냥 기다리면 된다.

짝 자리의 매력을 제일 먼저 발견한 것은 우유부단하고 소심한 아이들이었다. 모둠 자리와 바닥 자리의 인기가 높던 연구 초반, 맨 처음 선택할 권리를 가진 아이가 짝 자리를 덜컥 선택했다. 모두 모둠 자리와 바닥 자리를 선택할 것이라고 예상했던 터라 순간 정적이 흘렀다. 몇 주 후, 짝 자리의 인기가 하늘 높이 치솟게 되리라는 것을 그때는 아무도 몰랐다.

## 내 자리, 내 친구, 내 교실

교실 안에 책상과 의자를 빼면 넓고 좋은 느낌보다 허전하고 텅 빈 느낌이 앞선다. 책상과 의자는 교실임을 알려주는 상징적인 물건이다. 그리고 아이들이 마음껏 소유할 수 있는 유일한 공간이다. 아이들을 제외한 모두가 그 작은 공간을 대수롭잖게 생각해 왔다.

세계적인 전염병이 사회와 학교를 강타할 때, 초등학교 1학년 담임을 2년이나 연속해서 맡았다. 올해 초등학교 1, 2학년은 전면 등교가 실시되었다. 사회적 거리두기라는 절대적인 기준은 교실의 학생들을 일률적으로 분산시켰다. 등교와 보건이 우선이었고 발달 단계는 자연스럽게 무시되었다.

'앉고 싶은 우리 반 자리 만들기'는 나이와 성별에 상관없이 반복적이고 구체적인 학생의 물음에서 시작했다.

"선생님, 자리 언제 바꿔요?"

이 물음은 그동안 방치되었다가, 사회적 거리두기가 가져온 안쓰러움이 생기고 나서야 비로소 돌아볼 수 있었다.

'앉고 싶은 우리 반 자리 만들기'는 아이들에게 새로운 변화를 가져왔다. 먼저, 아이들은 교실 공간을 넓게 사용할 수 있게 되었다. 공간의

**쉬는 시간 학생들의 모습**

크기를 인식하게 된 것이다. 쉬는 시간이면 뭉쳐 있던 예전의 모습과 달리, 지금은 교실 구석구석이 바빠졌다. 사람들은 공간을 실제 쓰임새에 따라 나누어 쓰면서 비로소 공간의 크기를 인식하게 된다.

둘째, 친구와의 관계를 배웠다. 코로나19로 유치원에서부터 지금까지 배울 수 없었던 사소한 만남과 헤어짐, 갈등을 겪으면서 서로의 안부를 묻는 경우가 부쩍 많아졌다. 우유를 누가 먹고 안 먹었는지, 평소 늦게 오는 학생이 누구인지, 등굣길에 누가 무엇을 타고 왔는지, 이런 대화가 아침을 가득 채운다.

셋째, 교실을 사랑하게 되었다. 바닥 자리에 대한 배려로 쓰레기를 줍고, 모둠 자리의 불편함을 알고 앞자리 학생의 의자를 발로 차지 않게 되었다. 자기가 하는 행동이 주변에 불편함을 준다는 것을 알고 조심했다. 서로를 배려하며 우리 반을 사랑하게 되었다.

## 교실이 변하지 않는 이유

누구에게나 어릴 적 공부하던 교실에 대한 기억이 있다. 추억이 깃든 만큼 생생할 것 같지만, 실상은 꿈처럼 아른거린다. 어릴 적 살던 집과 비슷한 느낌이다. 사실, 학생들의 일과를 살펴보면 집과 교실이 크게 다를 바 없어 보인다.

학생들에게 교실은 제2의 집이다. 하루 중 많은 시간을 보내는 삶의 공간이다. 하지만 어디를 둘러보아도 집처럼 편안함을 주는 교실은 찾아보기 힘들다. 집에는 조금 더 편안하고 조금 더 행복할 수 있게 수없이 많은 마술을 부리지만, 교실은 네모에서 딱히 변한 것이 없다.

지금도 교실은 30년 전 내가 다녔던 초등학교의 모습 그대로이다. 내가, 우리가 학생의 이야기에 귀 기울이지 않았기 때문일까?

# 5
# 우리만의 'gezelligheid'를 깨달아가는 여정

문정원

**문정원**

서울대학교 영어교육과를 졸업한 뒤 2017년까지 번역가로 일했다. 현재는 서울 사대부중에서 영어교사로서 영어교육과 AI의 접목을 연구하고 담임으로서 학급 학생들과 행복한 교실을 만들어나가며, 새로운 시대의 교육 방법과 교육자의 역할을 모색하는 중이다.

# 우리만의 'gezelligheid'를 깨달아가는 여정

네덜란드어에 'gezelligheid(흐젤릭하이트)'라는 단어가 있다. 네덜란드 사람들에게 물어보면 "다른 언어의 한 단어로 쉽게 번역될 수 없는 개념이지만 영어의 'coziness'에 가장 근접한 의미"라는 알쏭달쏭한 답을 듣게 된다. 한국어의 '정(情)'처럼 다른 언어로 쉽게 번역하기 어려운 단어인 모양이다. 'gezel'은 '동행, 벗'이라는 뜻이고, 'gezelligheid'의 사전적 정의가 'the state or fact of being cozy(아늑한 상태 혹은 아늑하다는 사실)'이니[1] '아늑함'을 뜻하는 어휘라고 생각하기 쉽지만, 그리 간단치 않다. 그들은 답을 이어간다.

모닥불 주위에 앉아 이야기를 나누는 것, 가족 혹은 친구들과 따뜻한 음료를 마시며 시간을 보내는 것, 테라스에서 웃으며 서로를 따스하게 안아

1 https://en.wiktionary.org/wiki/gezelligheid(위키낱말사전)

주는 것…….

'주변 사람들과 온기를 나누는 것', '나를 둘러싼 시공간의 따스함'을 포괄하는 개념이라고 정리하면, 혹자는 노르웨이어와 덴마크어의 'hygge(휘게)'라는 단어를 떠올릴 것이다. 이 단어 역시 '소중한 사람들과 맛있는 음식을 먹고 담소를 나누며 현재에 집중하는 아늑한 상황'을 묘사하는 말이다. 마음을 편안하게 하는 잔잔한 음악과 벽난로, 촛불과 같은 은은한 빛, 브라운치즈가 올려진 와플과 따뜻한 우유가 있다면 '사람들과 함께하는 시공간이 주는 따뜻함과 행복'을 나누기에 완벽하다.

## 여정의 시작

이 글은 2021년 3월에 만난 서울사대부중 3학년 8반 아이들이 졸업하는 날까지 이어갈, 우리만의 'gezelligheid'를 깨닫고 정의해 가는 여정을 담고 있다. 공간에 관한 연구지만, 공간은 시간이라는 속성에서 떨어져 나와 별개로 존재할 수 없기에 시공간을 함께 생각할 수 있도록 설계했다.

'소중한 사람들과 함께하며 작은 것으로부터 느끼는 아늑함과 기쁨'이란 의미를 포괄하는 어휘에 착안하여, 역으로 그 개념을 아이들과 함께 만들어가려는 시도였다. 또한 행복한 시공간을 만족시키는 조건을 다양한 방법으로 알아보고 행복한 시공간을 구현하는 과정이었으며, 11월 초에 있었던 졸업 고사 이후의 자기 계발 시기를 의미 있게 보내기 위한 목적도 있었다. 이 여정의 시작과 중간, 그리고 기대되는 끝을 적어보려 한다.

3학년 8반이라는 새로운 공동체 안에서 처음 만난 3월. 행복한 순간과 자신이 바라는 미래의 모습을 그려보도록 했다. 자신을 마주하는 일이 어색하기에 처음에는 주저하는 기색을 비쳤지만, 이내 학생들은 열심히 참여했다. 색색의 메모지에 다음 여섯 가지에 대한 대답을 적어서 이야기를 나눴다.

① 나를 정의하는 핵심 단어 셋
② 현재 나의 기분
③ 내가 행복한 순간
④ 요즘 나를 힘들게 하는 것
⑤ 내가 되고 싶은 어른의 모습
⑥ 친구들에게 하고 싶은 말

'내가 행복한 순간'에 대한 응답은 대부분 특정한 시공간을 묘사하

행복했던 순간과 내가 바라는 미래의 모습, 3월 초

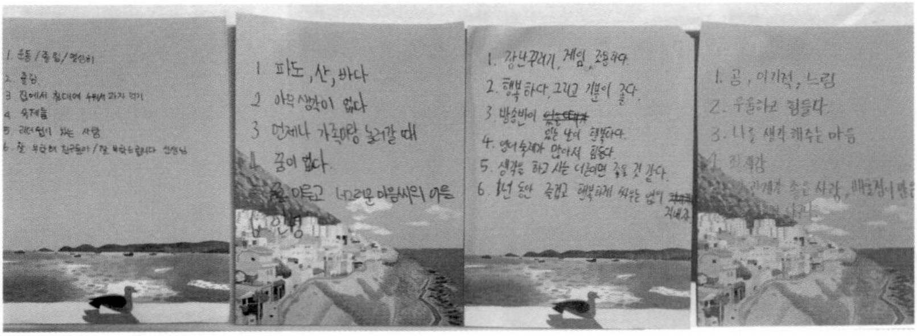

고 있었고, 함께하는 사람들을 포함하는 경우가 많았다. 예를 들면 '가족이랑 놀러 갈 때', '방송반 모임이 있는 날', '침대에 누워서 과자 먹을 때', '게임 학원 다닐 때', '친구랑 놀 때' 등이라고 답했다. 어린 나이에 삶 자체가 이미 행복임을 깨달았는지 '인생을 살 때'라는 인상 깊은 응답도 있었다.

'내가 되고 싶은 어른의 모습'에 대해서는 '차트 올킬 작곡가', '꿈을 이룬 사람', '생각을 하고 사는 어른', '직장이 있는 어른', '리더십 있는 어른', '가족을 잘 챙기는 어른'이라고 적었다. 활동 이후에는 구글 클래스룸과 줌을 통해서 저마다의 행복과 꿈을 수시로 상기하며 한 학기를 보냈다.

2학기 시작일인 8월 24일에는 학생들에게 이런 질문을 던졌다.

① 오늘의 행복도를 수치로 표현한다면?

② 그 이유는?

③ 오늘의 행복도를 결정하는 요소는?

④ 인생의 행복도를 결정하는 요소는?

답변에 특별한 제약을 두지는 않았기에 학생들은 자유롭게 생각을 적었다. 친구들과의 관계, 더 나아가 인간관계를 꼽은 아이가 많았고, 학업과 관련되는 경우도 많았다.

① 10점

② 아무 일도 일어나지 않고 평소와 같은 일상이다. 더 설명할 게 없다.

③ 줌이냐 아니냐? 줌만 아니면 영상 보고 과제 제출하고 나서 자유시간을 즐길 수 있다.

④ 성적과 스트레스

① 7점

② 오늘 수학 과외가 있어서 지금부터 숙제해야 하기 때문이다.

③ 숙제, 과제

④ 여행, 즐거운 활동

① 10점

② 내 인생의 모토가 항상 행복하게 살기이다.

③ 날씨, 일어난 직후의 기분 등

④ 내 인생의 모토

① 5점

② 밥이 맛있었다.

③ 친구들, 가족

④ 친구들, 가족

① 5점

② 오늘 학원 가야 하는데, 그 학원 숙제가 너무 많다.

③ 학원 숙제의 양

④ 현재로서는 학원 없이 친구들과 재밌게 노는 것

## 이상과 현실을 잇는 다리

이를 바탕으로 행복에 대한 논의를 조금씩 더 구체화했다. 친구들과 많은 시간을 보내는 교실에 변화를 줌으로써, 학생들이 학업 스트레스에 매몰되지 않고 행복한 시공간 속에서 따스한 하루하루의 기억을 품게 되는 것을 목표로 삼았다. 여기서 마주한 현실의 제약은, 2년 전이라면 전혀 문제가 되지 않았을 부분이었다. 시공간 속에서 온기를 나누고 일과 속에서 행복도를 증진하기 위해서는 '접촉'을 늘려야 하는데, 이는 '방역'과 대척점에 있어서 아주 위험한 요소였다. 코로나19가 사라질 기미조차 보이지 않는 상황 속에서 방역 요원들은 일과 시간 동안 소독과 환기에 여념이 없고, 교사들도 기회가 있을 때마다 방역 수칙을 강조하며 혹시라도 있을지 모를 상황을 막기 위해 철저한 대비를 이어가고 있었다.

그렇지만 지금까지 없던 시도를 통해 교실 공간을 변화시키고, 궁극적으로 학생들이 현재 감정을 또렷이 인지하고 'gezelligheid'를 느낄 수 있는 행복한 시공간을 만들겠다는 목표는 버릴 수 없었다. 학교에서는 규칙과 규율이 지배적으로 작동하며, 일과는 학업을 중심으로 돌아간다. 그러다 보니 교실에서 자기 내면을 가만히 들여다보는 시간, 좋아하는 활동을 하며 친구들과 교감하는 시간, 잠시 휴식하는 시간을 상상하기는 힘들다. 교실 시공간 설계 자체가 불편함과 긴장감을 유발하고 있었고, 특히 코로나19 이후로 이런 문제점이 더욱 심화되었다. 이런 안타까운 현실을 조금이라도 개선하고 싶었다.

그러던 어느 날, 기억 속에 가만히 품고 있던, 노르웨이 수도 오슬로에서 약간 떨어진 '아스케르(Asker)'라는 곳에 있는 자연 속 유치원이 문

노르웨이 아스케르 유치원의 모습과 주변 정경

득 떠올랐다. 대학교 3학년 때 교환학생으로 오슬로에 살던 중에 노르웨이 친구의 세 살짜리 조카 아니타가 다니던 유치원에 방문한 적이 있다. 그곳에는 통나무로 지은 교무실과 자연 그대로를 활용하여 만든 놀이기구가 있었고, 한쪽에는 언제든지 바비큐 파티를 할 수 있도록 장작이 옹기종기 쌓여 있었다. 탁 트인 공간이 주는 시원함, 단풍 내음을 머금고 양 볼에 와닿던 바람과 아니타가 친구들과 함께 까르르 웃던 모습이 아직도 눈에 선하다.

그때 받은 'hyggelig(hygge의 형용사형)'의 느낌을 떠올리며, 내가 바라는 3학년 8반 교실의 모습을 구체적으로 그려볼 수 있었다.

## 설레는 상상

'현재'에 초점을 맞추는 대화는 온라인 수업 주간에도 이어졌다. 교실 변화를 위한 기초 의견을 수집하기 위해 9월 7일에 아래와 같은 종례 질문을 던졌다.

> 오늘 하루도 무사히 지나가고 있습니다. 건강도 잘 챙기고 있죠? 오늘도 소소한 행복을 느끼며 하루를 보내고 있는지, 안 한 과제는 없는지 다시 한번 생각해 보세요. 선생님은…… 힘들지만 열심히 항체 만들고 있을게요. 종례 질문입니다.
>
> **(질문) 우리 3학년 8반 교실을 머릿속에 떠올린 후 답하세요.**
>
> ① 교실에 두고 싶은 물건은? 곁에 있다면 행복도가 쑥 올라갈 것 같은 물건은?
>
> ② 그걸 교실에 두고 싶은 이유는?
>
> ③ 지금 교실에서 바꾸고 싶은 부분이 한 가지 있다면?
>
> ④ 그렇게 바꾸고 싶은 이유는?

학생들은 디퓨저, 향수, 컴퓨터, 축구공, 럭비공, 청소기, 쿠션, 침대 등을 교실에 두고 싶어 했다. 친구들과 함께 어울려 놀거나 쉬고 싶은 마음을 엿볼 수 있었다.

교실에서 바꾸고 싶은 것으로 삐걱거리는 의자, 시계의 위치, 보드마커 등을 지적한 학생도 있고, 이미 완벽해서 바꿀 게 없다는 의견도 꽤 있었다. 교실이 그리 넓지 않고 바꿀 수 있는 부분이 제한적이라고 생각해서 그렇게 답을 했다는 생각이 들었다.

① 디퓨저
② 반의 냄새가 좋아질 수 있기 때문이다.
③ 없는 것 같다.
④ 왜냐하면 우리 반이 너무 완벽해서 바꿀 게 없는 것 같다.

① 축구공
② 축구공이 반에 있으면 차고 놀고 재미있을 것 같다.
③ 시계의 위치
④ 옆에 있어서 보기 힘들다. 여러 개 놓거나 어디서나 잘 보이는 곳에 놓으면 좋겠다.

이후 학급회장을 포함해서 네 명의 학생으로 '행복 프로젝트팀'을 꾸리고, 학급 회의를 통해 물품 목록을 만들기 시작했다. 아이들은 구글 설문에 썼던 내용을 떠올리며 구체적인 이유와 함께 원하는 물품을 말했다.

교실에 무언가를 정말로 갖다 놓고 우리 마음대로 바꿀 수 있다.

이 사소한 가능성에도 아이들은 환호와 행복감을 감추지 못했고 무척 설레 보였다. 처음에는 교실을 아예 집처럼 바꾸고 싶은 귀여운 마음에 집에 있는 가구를 다 들여올 기세로 목록을 작성하다가, 집단지성을 발휘하여 점차 현실적이면서도 재치 있는 목록을 완성했다. '행복프로젝트팀'이 최종 정리한 목록은 다음과 같다.

- 페브리즈(좋지 않은 냄새를 제거하고 쾌적함을 얻기를 원함)
- 1인 1베개(졸릴 때 잘 수 있음)
- 러그(교실에 옹기종기 모여서 이야기하는 장소가 될 수 있음)
- 스탠딩 샌드백(스트레스 해소가 가능함. 단, 샌드백에 친구 사진 붙이는 건 금지)
- 빈백(쉬는 시간에 지친 심신을 달랠 수 있음)

우리 학생들은 굉장히 활동적이며, 눈에 보이고 손에 잡히는 것이 있어야 실감을 한다. 그렇기에 하루라도 빨리 물품을 사고 싶었다. 하지만 실천연구 예산 집행이 난관에 봉착했다. 9월에 목록을 작성했지만 11월 초가 되도록 해결되지 않았다.

"선생님! 샌드백과 빈백은 언제 오나요?"

하염없이 기다리는 학생들에게 해결 방안을 함께 궁리해 보자고 제안했다.

"저희가 돈을 모을까요?"

이 얘기를 들으며 간절함을 느낄 수 있었고, 마냥 기다려서는 안 된다고 판단했다. 다방면으로 해결책을 모색하던 중, 부설학교진흥원과 학교 행정실의 협조로 어렵사리 물품을 구매하게 되었다. 시작은 샌드백과 러그였다.

### 꿈의 실현

드디어 샌드백이 도착했다. 종례가 조금이라도 길어지면 온몸을 뒤틀던 학생들이 자발적으로 열 명 넘게 남아서 샌드백 조립에 몰두했다. 조립 설명서가 없었지만 자신만만하게 "선생님, 이 정도는 기본이죠." 라고 말하더니 정말 뚝딱뚝딱 조립했다. 의욕이 지나쳐서 샌드백 아랫

종례 후에 남아서 샌드백을 조립하는 학생들

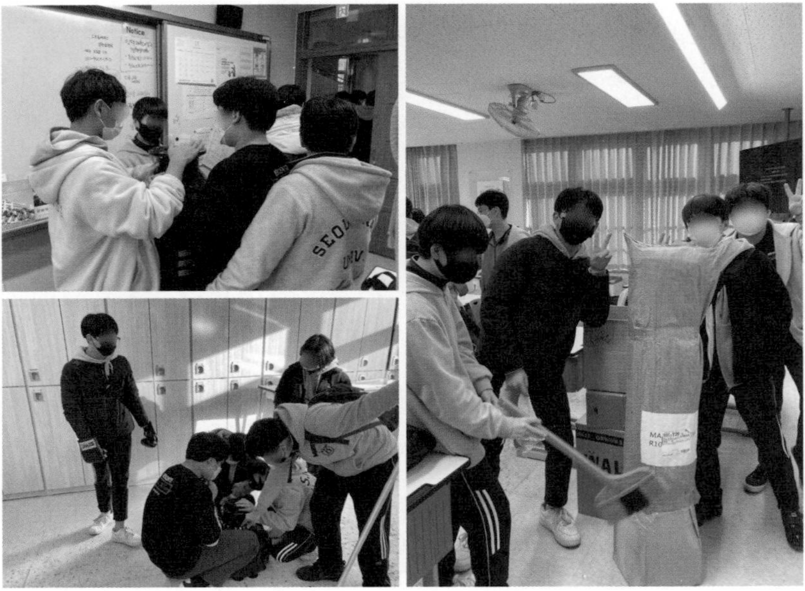

부분에 채웠던 물을 교실 바닥에 쏟는 대참사를 일으키기도 했지만, 대걸레 10개로 순식간에 닦아내며 상황을 깔끔하게 정리해서 다시 한번 나를 놀라게 했다. 좋아하는 일을 할 때 무한으로 발휘되는 적극성과 자발성의 힘은 대단했다.

학생들은 눈앞에 놓인 샌드백을 보고는 연신 감탄하며 기뻐했다.

"교실에 샌드백이 있는 게 말이 돼?"

이후 우여곡절 끝에 예산 문제가 해결되어 디퓨저, 빈백, 베개 등도 마저 주문했다. 물품이 도착할 때마다 많은 이야깃거리가 생겨났다. 계획과 구매, 배치와 활용까지 전 과정을 함께 공유하며 우리만의 행복한 기억이 소복하게 쌓였다. 꿈이 실현된 후, 행복한 시공간을 만들기 위해 교실 안팎에서 이런 활동을 했다.

첫째, 물품 이용 규칙을 정하고 꾸준히 확인·보완했다. 구글 클래스룸을 통해 기본 의견을 받고, 그것을 바탕으로 칠판에 적어놓을 규칙을 만들었다. 예를 들어 샌드백, 러그, 빈백 이용에 대해서는 아래 두 가지 규칙이 핵심이었다.

- 수업 시간에는 절대 이용하지 않는다.
- 한 번에 세 명까지만 이용한다.

이 외에도 '방역 수칙 준수'와 '이용 전후 손 소독'도 포함했다. 처음에는 규칙이 있어도 잘 지키지 않는 경우가 꽤 있었지만, 규칙을 잘 지켜야 모두가 새로운 물품을 편하고 안전하게 이용할 수 있음을 스스로 터득한 아이들 덕분에 요즘에는 매우 안정적으로 운영되고 있다.

둘째, 졸업과 진학을 앞두고 고민이 많을 학생들과 함께 11월 20일 토요일 오전에 '북서울꿈의숲'에 가서 가을의 끝자락이 담긴 많은 사진을 찍고 둥그렇게 둘러앉아 인생 이야기를 나누었다. 이는 부족한 교실 공간을 확장하려는 시도와도 맞닿아 있는 것이었다.

셋째, 학급 행사를 운영했던 11월 26일 금요일에는 축구와 농구를 신나게 즐긴 뒤 칠판에 'gezelligheid'를 적고 우리의 '행복'을 중간 점검해 보았다. 앞선 10월에 네덜란드인들이 'gezelligheid'를 활용하여 행복을 설명하는 영상을 함께 보며 "선생님, 저 개념은 소확행(소소하지만 확실한 행복)과 비슷한 것 같기도 해요!"라며 영리한 대답을 내놓았던 학생들은 어느새 교실 안팎에서 행복의 상황을 찾고 그 안에서 자신의 감정을 조금씩 표현하는 성숙한 모습을 보여주고 있었다.

## 우리만의 공간이 주는 특별함과 자부심

이 활동으로 우리 교실에는 이런 변화가 생겼다. 첫째, 샌드백과 러그의 차분함과 빈백의 알록달록함이 어우러져 지루하기만 하던 교실이 시각적으로 다채로워졌다. 온전히 학생들이 원하는 대로 공간을 꾸며 보자는 의도가 커서 시각적인 부분은 미처 계획하지 못했는데, 기대하지도 않았던 효과를 얻은 셈이다.

둘째, 좁은 교실이지만 물품을 통해 놀이와 휴식 공간으로서도 기능하는 다용도 공간으로 변모했다. 그만큼 엄격한 관리와 규칙에 대한 빈

번한 상기가 필요해졌지만, 권리를 누릴 때는 반드시 그에 맞는 책임이 따른다는 사실을 잘 아는 어엿한 중학교 3학년이기에 앞으로도 다기능을 하는 공간이 주는 득이 실보다 클 것이라 믿는다.

셋째, 학생들이 학교생활에 적극적이고 긍정적인 태도를 보이게 되었고, 학급 구성원 사이의 유대감이 커졌다. 교실이 스트레스를 주는 공간에서 스트레스를 푸는 공간으로 변했다는 점, 그 덕분에 여유로운 마음과 즐거운 생각을 품게 된 점, '우리만의 공간'이 갖는 특별함과 그에서 비롯된 자부심, 이런 여러 가지 요소가 복합적으로 작용한 결과라고 생각한다.

학급 행사가 끝나고 변화된 교실에 대한 소감을 나누던 자리에서 연우가 말했다.

**달라진 교실 풍경**

첫째, 스트레스가 풀려서 수업 시간에 집중이 잘 됩니다.

둘째, 충분히 잠을 잘 수 있어서 수업에 더 집중할 수 있게 되었습니다.

셋째, 친구들과 더욱 즐겁게 시간을 보낼 수 있습니다.

친구들은 멋진 답변이라면서 웃으며 손뼉을 쳤다. 예상된 답변이라 특별한 감흥이 없다고 느낄 수도 있지만, 연우의 상황을 고려해 보면 그렇지 않다. 연우는 잠을 제대로 못 자고 규칙적인 생활을 힘들어했었다. 그랬던 연우의 변화된 모습에 다른 친구들이 모두 같이 손뼉을 친 것이다.

모두가 있는 자리에서 연우가 이렇게 정제된 답변을 내놓으려는 의지를 보였다는 것 자체가 공간의 변화가 가져온 긍정적인 결과라 생각한다. 연우는 학급 행사 시간에 축구와 농구에도 누구보다 열심히 참여했는데, 그걸 보면서 다른 친구들이 이렇게 얘기했다.

"선생님, 연우가 저렇게 활발하게 어울리는 건 처음 보는 것 같아요."

## 또 다른 시작

3학년 8반 아이들은 역동적으로 살아 움직이는 시공간의 주체가 되었다. 마치 원래부터 그 자리에 그 물품들이 있었던 것처럼, 학생들은 놀라울 정도로 빠르게 공간에 적응하며 권리를 누리고, 더 나아가 그 속에서 어떤 책임을 다해야 하는지를 스스로 깨닫고 있다. 또한 그 과정에서 미래에 대한 고민과 행복에 대한 느낌도 자연스레 나누고 있다.

내년 졸업을 앞두고 'gezelligheid'에 대한 이야기를 다시 꺼낼 생각이다. 그때 모두가 자신 있게 대답할 수 있을 것이다. 설령 언어화할 수 없더라도 괜찮다. 노자의 《도덕경》 중 도경(道經) 1장의 첫 구절이다.

> 道可道非常道(도가도비상도) 名可名非常名(명가명비상명)
> 도를 말로 표현할 수 있다면 그건 진정한 도가 아니며,
> 말로 이름 붙일 수 있다면 그건 진정한 이름이 아니다.

사실 'gezelligheid'라는 단어는 따뜻한 행복을 발견하는 과정에 놓인 도구였을 뿐이다. 그것이 무엇인지 따로 정의하지 않아도, 새롭게 단어를 만들어내고 의미를 상술하지 않아도, 함께 온몸으로 따뜻한 행복을 느끼고 있다.

'위드 코로나'라며 학교 활동에 대한 기대가 커지고 있던 게 불과 얼마 전이다. 그런데 확진자가 다시 늘어나고, 오미크론 변이 확산세가 심상치 않다는 소식도 들려온다. 작년에 이어 희망과 절망이 반복된 올해가 아이들의 기억 속에서 '코로나19 때문에 힘들었던 한 해'가 아니라 '코로나19에도 불구하고 따뜻하고 행복했던 한 해'였기를 바라는 간절한 마음에서 교실 공간혁신을 시도했다. 자신들의 의견을 적극적으로 반영하여 직접 교실 공간을 바꾸고, 시행착오를 거쳐 그 공간을 안정적인 곳으로 만드는 과정에서 서로가 행복했던 기억을 우리 반 학생들이 오래도록 간직하고 살아가기를 바란다.

# 6
# 우리가 만들고 함께 돌보는 교실

이지애

**이지애**

서울사대부여중에서 아이들과 부대끼며 매일 조금씩 성장하고 있는 교사이다.
공간의 변화가 생활의 변화로, 마음의 변화로 이어지길 바라며 연구에 참여했다.

# 우리가 만들고 함께 돌보는 교실

나는 그리 부지런한 교사가 아니다. 학교에서 대규모 리모델링 공사를 하고 있지만 관심 밖의 일이었다. 공간은 그저 주어지는 것일 뿐이고, 그 공간에서 내가 할 일은 기껏해야 청소 정도라고 생각했다. 그랬던 내가 어쩌다 학교 공간에 대한 실천연구에 참여하게 됐다. 이 연구를 통해 '공간'을 돌아보기 시작했고, '공간'이 변화의 시작임을 깨달았다.

## 선생님, 교실에서 할 게 없어요

방역이 최우선인 코로나19 시국, 학생 이동을 최소화하기 위해 교과교실제를 중단하고 학급 교실에서만 수업한다. 더 나아가 교실 사이에 빈 교실을 두어 밀집도를 낮추려다 보니 등교일이 다른 두 학년이 한 교실을 교대로 사용한다. 우리가 살던 교실을 다른 학년에 넘겨야 하니, 등교 주간이 끝나는 날에는 게시판에 붙였던 시간표나 공지 사항도 모두

떼고 비어 있는 공간처럼 만드는 일이 반복되었다. 학생들은 학급 교실을 우리 공간이라고 느끼기보다는 잠깐 머무는 공간, 언제든 비워줘야 하는 임시 교실 정도로 생각했다.

2학기부터는 전면 등교라 학급마다 고정된 교실을 배정받았다. 우리 반은 본관 3층의 영어 교과교실을 사용하게 되었다. 쉬는 시간에 교실에 들어가면 아이들은 늘 찰싹 붙어서 수다를 떨고 있다. 아이들에게 서로 거리를 두라고 잔소리를 하면 불만 가득한 목소리로 하소연한다.

"교실에서 할 수 있는 게 아무것도 없어요."

교과교실로 사용하던 곳이라 미처 치우지 못한 영어 교과의 교구와 집기가 가득한 공간, 우리 반의 손길이 전혀 닿지 않은 공간을 아이들은 '아무것도 할 것이 없는 공간'이라고 느꼈다.

코로나19로 인해 교과교실 수업이 중단되면서 학급 교실은 아이들에게 매우 중요한 공간이 되었다. 그러나 안타깝게도 방역에만 신경 쓰느라 학급 교실을 꾸미는 일에 거의 관심을 두지 못했다. 익숙하고 편

**원래 영어 교과교실로 쓰던 학급 교실의 모습**

안해야 할 교실이 낯설고 불편한 공간이라면, 즐거운 일로 가득해야 할 교실이 할 것 없어 심심한 공간이라면, 변화가 필요하다고 느꼈다. 학급 교실을 '내 공간'이라고 인식하며 애착을 갖게 하는 방법, 학급 교실을 '우리 공간'이라 여기며 친구들과 감정과 경험을 교류하는 장소로 만들 방법을 연구해 보고 싶었다.

## 너희는 교실에서 뭘 하고 싶은데?

최근 교육 현장에서 진행되는 다양한 공간혁신 사례를 보면, 학생을 학교 공간의 주인으로 인식하고 학교 공간을 어떻게 구성할 것인지 학생들이 주체적으로 결정해야 한다고 강조한다. 학생들이 주도성을 갖고 적극적으로 학교 공간을 변화시키는 민주적 생산자 역할을 해야 한다는 의미다. 교사인 내가 원하는 교실 모습도 물론 중요하지만, 학생들이 스스로 교실의 불편한 점과 문제점을 찾아보고 학생들이 원하는 교실에 대해 함께 이야기하는 과정이 진정한 공간혁신이라는 생각이 들었다.

### (1) 교실 둘러보기

생각하는 것을 제일 싫어하고, 귀찮은 것을 더 싫어하는 학생들을 어떻게 공간 변화의 주체이자 실천연구 참여자로 자연스럽게 끌어들일 수 있을까? 조회 시간에 이 연구의 취지를 설명하고, 변화된 공간이 우리에게 좋은 영향을 줄 것이라며 막연하지만 희망적인 이야기들로 포문을 열었다. 귀찮아할까 걱정했는데 아이들은 생각보다 눈을 빛내며 관심을 보였다.

아이들에게 10분간 조용히 교실을 살펴본 후, 우리 교실에서 불편한 점, 필요한 것, 교실에서 하고 싶은 것 등을 자유롭게 쓰게 했다. 익숙한 공간에서 개선점을 찾아내는 사람이야말로 관찰력이 좋은 사람이고 우리 교실을 한층 더 나아지게 할 수 있는 사람이라고 추임새를 넣어서인지 아이들은 교실 여기저기를 바쁘게 살폈다.

**이런 점이 불편해요**

- 전자교탁과 선생님 책상이 시야를 가려요.
- 교실에 편안하게 쉴 수 있는 공간이 없어요.
- 창가에 있는 장식들, 교실 뒤 나무를 치우고 싶어요. 좁고 불편해요.
- 태극기 옆 그림들을 치우고 싶어요. 우리 반과 상관없는 그림이에요.
- 영어책이 꽂힌 책장이 불편해요. 보고 싶은 책을 놓으면 안 되나요?

**이런 것이 필요해요**

- 학급문고가 있으면 좋겠어요.
- 잘 보이는 시계가 있으면 편할 것 같아요.
- 편하게 앉을 수 있는 푹신한 의자가 있었으면 좋겠어요.
- 교실 뒤에 매트리스를 깔고 눕거나 쉴 수 있는 공간이 필요해요.
- 더 큰 우산 통이 필요해요. 교실 뒤에 거울이 있었으면 좋겠어요.

**이런 것을 하고 싶어요**

- 점심시간에 친구들이랑 보드게임을 하고 싶어요.

- 우리 반 친구들과 사진을 많이 찍고 싶어요.
- 우리만의 추억을 정리할 수 있는 공간이 필요해요.
- 가짜 나무, 가짜 꽃을 치우고 진짜 꽃을 키우고 싶어요.
- 핼러윈이나 크리스마스 분위기에 맞게 교실을 꾸며보고 싶어요.
- 우리들의 꿈이나 장점에 대해 걸어두고 함께 보고 싶어요.
- 아직 대화를 나누어보지 못한 친구들이 많아요. 대화를 나누고 싶어요.
- 책과 영화를 함께 보고 친구들이랑 이야기 나누고 토론도 하고 싶어요.

### (2) 비우기 그리고 채우기

짧은 시간이었지만 아이들은 많은 얘기를 쏟아냈다. 불편하지 않았던 게 아니라 말할 기회가 없어서 속으로 삭이고 있었을 뿐이라고 생각하니 미안했다. 아이들에게 교실을 돌려주기 위해 무엇부터 해야 할지 보였다. 아이들이 원하는 것으로 교실을 채우려면 먼저 비워야 했다. 영어교과실을 관리하는 영어과 선생님들에게 말씀드리고 대청소를 시작했다. 5년이나 지난 영어과 수행평가 자료, 영어 문제집, 각종 영어 포스터 등을 과감히 정리했다.

학기 초도 아닌 9월 중순에 느닷없이 시작한 대청소였지만, 아이들은 어느 때보다도 활기 넘쳤다. 자신들의 손으로 달라질 공간에 대한 기대감이 고스란히 느껴졌다.

비운 자리에는 간단히 구매할 수 있는 물건부터 채웠다. 학급에 배정된 예산으로 시계, 우산꽂이, 거울을 들여놓았다. 정말 사소한 변화였지만 아이들은 눈에 띄는 변화로 느끼는 듯했다. 자신들의 의견이 실제 변화로 이어지는 모습을 확인했기 때문일 수도 있겠다.

## (3) 하고 싶은 일 하기

물건을 버리고 채우는 일은 어렵지 않았다. 그런데 그 안에서 어떤 활동을 해서 아이들이 교실에 애착을 갖도록 할 것인가를 결정하기는 쉽지 않았다. 공간 변화를 이야기하기 전에 그 공간에서 무엇을 하고 싶은지, 이를 어떻게 실현할 수 있을지 먼저 고민해야 한다는 사실을 깨달았다. 그걸 결정하면 공간 변화는 자연스레 따라올 것이다.

학급 회의에서 무얼 할지 얘기했다. 저마다의 개성이 넘치는 우리 반 아이들답게 하고 싶은 것도 천차만별이었다. 조용히 책을 읽을 공간이 필요하다는 아이도 있었고, 신나게 보드게임을 하고 싶다는 아이도 있

학급 회의 모습

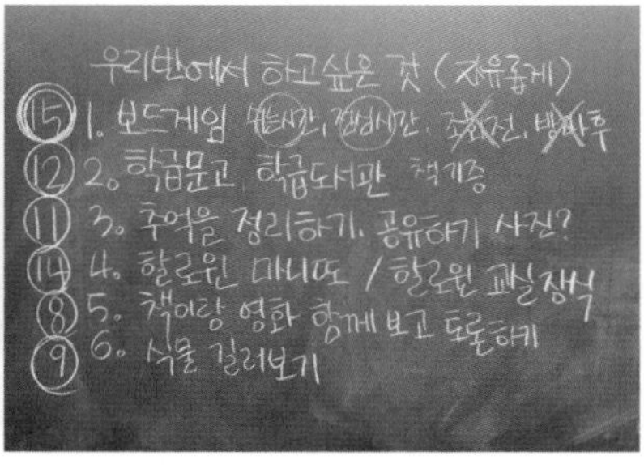

었다. 사진을 찍고 꾸미고 싶다는 아이도 있었고, 누워서 쉬고 싶다는 이야기도 반복적으로 나왔다.

솔직히 말하자면, 이 연구를 처음 시작할 때 내 관심은 학급문고였다. 연구계획서도 그렇게 제출했다. 하지만 사공이 많은 배처럼 학급회의는 산으로 향했다. 아이들이 원하는 모든 걸 들어주다가는 이 연구가 망해버릴 것 같다는 불안에 휩싸였다. 학급문고 하나만 집중해서 운영하면 어떨지, 제발 내 마음을 알아주길 간절히 바라며 은근히 설득했다. 하지만 한껏 고무된 아이들은 아랑곳하지 않았다.

이것저것 다 하겠다고 욕심을 내는 아이들의 마음을 어떻게 돌려놓을 수 있을까? 잔머리를 굴려 협박을 해보았다.

> "저걸 다 하려면 할 일이 너무 많잖아. 학급문고는 누가 관리해? 화분은 누가 돌봐? 사진 전시는 누가 할 거야?"

부담을 느낀 아이들이 한발 물러서리라 내심 기대했는데, 아이들은 모두 할 수 있다며 한 발 더 나아갔다. 결국 나는 두 손 두 발 다 들었다. 교실 뒤에 누워서 자고 싶다는 의견만 겨우 제외하고, 하고 싶은 건 다 해보자는 대책 없는 결론을 내렸다.

## 하고 싶은 건 다 해보자

배가 산으로 가고 있다는 불길한 예감을 떨쳐내려 노력했다. 하고 싶은 게 없다며 거부하는 상황보다는 훨씬 낫다며 자신을 위로했다. 배가 산으로 가더라도 이참에 각자에게 노를 저어보게 하는 것은 어떨까 싶었다. 중학교 1학년. 모르는 것도 궁금한 것도 너무 많아 늘 나에게 귀찮을 정도로 묻고 또 묻는 아이들이기에 잘할 수 있을까 걱정도 됐지만, 잘하지 못하더라도 잘해보려고 애쓰는 과정에서 뭔가 배워가겠지 하는 막연한 기대감도 있었다. 지금까지의 학교는 아이들에게 소비적인 공간이었다. 주어진 주변 환경이 있었을 뿐 학생들이 만들어가는 공간이 없었다.[1] 교실의 변화를 구상하고 계획하고 실행하는 모든 과정을 학생들에게 맡겨보기로 했다.

교실 안에서 하고 싶은 일들을 실행에 옮기려면 어떻게 해야 하는지를 안건으로 세 번째 학급 회의를 열었다. 욕심도 많고 의욕도 넘치는 우리 반 아이들은 이것저것 하고 싶은 일들을 모두 해보겠다고 결정했고, 기존 1인 1역처럼 '1인 1공간'을 정해 할 일을 나누기로 했다. 교실 청소 1인 1역을 정할 때는 어떻게든 쉬운 일을 맡으려고 뺀질대던 아이들이, 시키지도 않은 공간 지킴이 역할을 자기들 스스로 나누고 있는 모습은 조금 낯설기도 하고 놀랍기도 했다. 게시판을 꾸며보고 싶다는 친구가 너무 많아지자, 게시판을 반으로 나눠서 1팀과 2팀이 서로 다른 내용으로 꾸미자는 꽤 멋진 의견도 내놓았다. 그렇게 아이들은 한 명도 빠짐없이 교실 안의 작은 공간을 맡아 꾸미게 되었다.

나의 잔소리 1절, 2절, 3절, 4절로 채워지던 조회 시간은 아이들끼리 모여 아이디어를 나누고 공간을 꾸미는 시간으로 바뀌었다. 공간에 이름을 만들어 간판을 제작하고, 필요한 물품들을 정하고, 주의사항도 만

1 이경원(2018), 《교사의 탄생》, 행복한미래.

조회 시간의 공간별 회의 모습

들며 공간을 채워가기 시작했다. 조회 시간으로 부족한 경우에는 종례 후에 모둠끼리 남아서 활동하기도 했다.

물품을 살 때 완제품은 피했다. 그럴듯한 완제품을 사면 더 깔끔하고 편하다. 하지만 아이들이 주도적으로 만들고 자기 손으로 꾸며야 더 큰 책임감과 주인의식을 느끼고 공간에 대한 애착을 갖게 된다. 대신 아이들이 할 일이 많아졌다. 물품들이 도착하는 날에는 자연스럽게 그 모둠이 남아서 공간을 꾸몄다. 그렇게 조금씩 교실 공간이 바뀌었다.

## 공간, 이렇게 바뀌었다

### (1) 학급문고, 봉숭아 학관

교실에서 편안하게 책을 보고 싶다는 의견을 반영하여 학급문고를 꾸렸다. 내가 추천하는 도서, 학급문고 모둠 아이들이 읽고 싶다고 고른 책을 합쳐서 50권 정도를 샀다. 아이들이 요청한 물품 중 4단 회전 책장과 나란히 앉을 수 있는 의자를 조립식으로 구매했다. 책을 읽고

서로의 생각과 감상을 나누고 싶은 아이들을 위해 이동형 칠판도 구해서 책장 옆에 두었다.

종례 후에 아이들은 택배보관함에서 물품을 찾아와 조립했다. 조립이 생각처럼 쉽지 않아서 조립 영상을 여러 번 돌려보고 업체와 통화까지 해서 겨우 완성했다. 아이들이 하나하나 번호를 붙인 책을 예쁘게 꽂아 우리 반만의 학급도서관을 완성했다. 조회 시간에 모둠에서 직접 주의사항과 이용 방법을 소개했는데, 친구들이 얼마나 고생해서 완성했는지를 알기에 아이들은 책장과 책을 무척 소중하게 다루었다.

### (2) 식물 키우기, 놀러 와요 1반의 숲

우리 반 급훈은 '혼자서 자라는 나무는 없다.'이다. 3월에 아이들이 직접 정했는데, 나무가 잘 자라려면 햇빛과 바람과 비가 필요하듯 우리가 잘 성장하기 위해 서로의 도움이 필요하다는 뜻을 품고 있다. 급훈에 어울리게 아이들은 진짜 식물을 키워보겠다고 했다.

식물을 고를 때부터 친구들 의견을 반영했다. 벌레를 극도로 싫어하는 친구의 의견, 가을에서 겨울로 넘어가는 계절 등을 두루 고려해서 포인세티아와 율마, 꽃기린으로 정했다. 시간이 넉넉하지 않아 인터넷으

로 모종을 주문했는데, 다 함께 꽃시장에 나가봐도 좋았을 텐데 아쉬움이 남는다. 모종이 도착한 날 아이들은 모종을 새 화분에 옮겨 심었다.

분명 아이들은 요일을 정해 식물을 돌보기로 했는데 이상하게도 매일 모두가 같이 화분을 돌봤다. 주의사항에 '예쁜 말을 많이 해주기'가 있었는데, 물은 당번이 주더라도 예쁜 말은 다 같이 모여서 함께 해야 한다고 했다. 방역 때문에 창을 활짝 열면 추울까 걱정도 하고, 율마를 손으로 쓸면 좋은 향이 난다고 내 손을 끌어다 만져보게도 했다.

배달된 모종 가운데 하나는 줄기가 완전히 꺾여서 금방 죽을 것 같았다. 모종을 하나 더 사서 심자고 했지만, 아이들은 시든 잎들과 잔 줄기를 쳐내고 한 줄기만이라도 살려보겠다고 애를 썼다. 매일 들여다보고 관심을 주는 따뜻한 마음, 생명을 쉽게 포기하지 않는 진실함, 함께 식물을 키워보지 않았다면 모르고 지나쳤을 모습이다. 교실 안의 작은 화분들 덕분에 마음이 몽글몽글해지는 순간들을 함께할 수 있었다.

### (3) 사진 게시판, 추억 찰칵

친구들과 찍은 사진과 추억을 정리할 공간이 필요하다는 아이들의 의견이 많아 교실 뒤편 게시판을 내어주었다. 영어 교과 포스터들을 떼어낸 자리에 학년 초부터 찍었던 사진들을 현상하여 게시하기로 했다.

조회 때 휴대전화를 제출하기에 학생들이 촬영한 사진이 거의 없었다. 내가 찍어둔 사진 100여 장을 공유하고 아이들이 함께 살펴보면서 게시할 사진과 게시 방법을 의논했다. 아이들은 많은 사진 중 원예사 체험 후에 꽃바구니를 들고 찍은 사진을 걸기로 정했다. 모두의 얼굴이

골고루 잘 나왔으면 좋겠다는 학급 아이들의 의견을 반영한 결정이다.

게시판을 완성한 후 아이들은 핸드폰으로 촬영을 해도 되냐고 나에게 물었다. 자기 손으로 만들고 가꾼 공간의 모습을 마음에 들어 하니 나도 뿌듯했다. 자연스럽게 다음에는 어떤 사진을 게시할지를 고민하는 모습이 기특했다.

#### (4) 글 게시판, 별이 빛나는 소통의 밤

역할을 나눌 때 가장 많은 아이들이 선택한 공간은 교실 뒤 게시판이었다. 결국 모둠을 둘로 나누기로 했고, 나는 사진 게시판과는 다른 색깔의 게시판을 만들자고 제안했다.

아이들은 서로의 이야기를 나눌 수 있는 게시판을 만들겠다고 했고, 어떤 주제로 친구들의 글을 받을지 고민했다. 너무 거창한 주제를 잡으면 활발한 소통이 어려울 수 있으니, 누구나 어렵지 않게 답할 수 있는 주제를 잡아보라고 조언했다.

글 게시판의 첫 번째 주제는 '새벽에 듣기 좋은 노래 추천하기'와 '나에게 보내는 한마디'였다. 글 게시판 담당들이 조회 시간에 종이를 나눠주고 종례 때까지 제출할 수 있도록 했는데, 거의 모든 학생이 참여

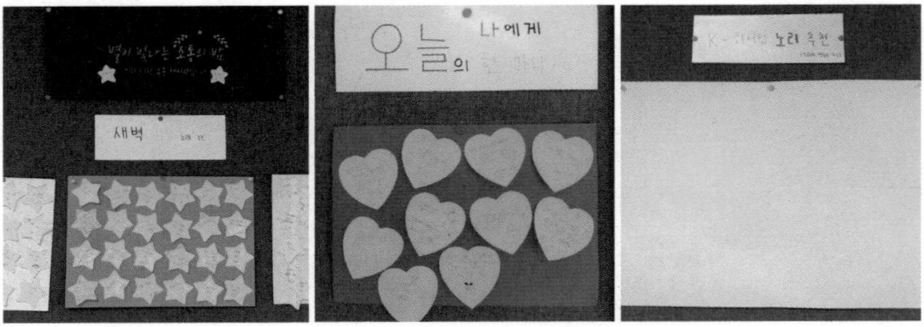

했다. 쉬는 시간에 교실에 들어가면 아이들은 자신이 남긴 메모를 내가 함께 읽어주기를 바라며 말을 걸어왔다. 교과 선생님들이 관심을 보이셨다며, 다음에는 더 크고 잘 보이게 게시하고 싶다고도 말했다.

### (5) 보드게임, 우리 반 놀이터

쉬는 시간과 점심시간에 보드게임을 하고 싶다고 말한 아이들이 많았다. 거리두기가 잘 지켜지지 않으면 어쩌나 고민이 많았고 수업 시간에 지장을 주면 어쩌나 걱정이 되었지만, 원하는 아이들이 너무 많았기 때문에 규칙을 철저히 정해 운영하기로 했다.

먼저 게임부터 정했다. 게임 시간이 오래 걸리지 않고 규칙이 복잡하지 않은 할리갈리, 얼음 깨기, 두더지 게임과 함께 공기놀이도 샀다. 아이들은 쉬는 시간만 되면 책상이고 바닥이고 가리지 않고 둘러앉아 게임을 한다. 가끔은 목소리가 커지고 분위기가 과열되기도 하지만, 활력이 온몸으로 느껴져서 좋다. 그리고 스스로 정한 약속을 너무나도 잘 지키는 모습, 소란스럽게 놀다가도 교실 뒤편에서 책을 읽는 친구들에게 방해가 되면 안 된다고 분위기를 스스로 정돈하는 성숙함을 보여주었다.

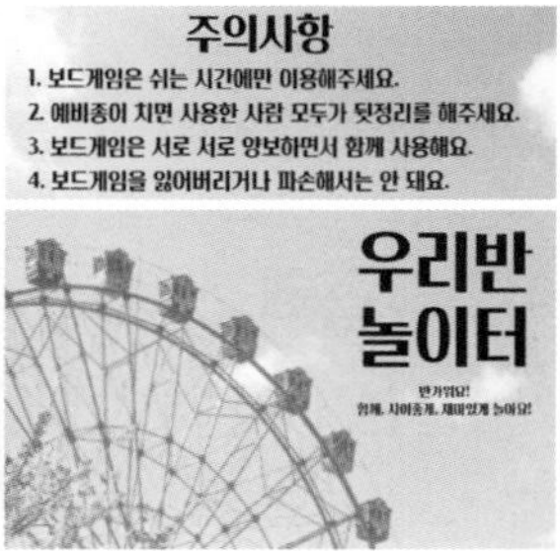

## 공간을 채우는 아이들, 공간을 돌보는 아이들

다섯 모둠으로 나눠 각 모둠은 맡은 공간의 변화를 계획했다. 그리고 가구와 물품을 사서 공간을 채우는 데 꼬박 2주가 걸렸다. 그렇게 공간을 채우고 나니 가구나 물품이 아니라 공간 안에서 시간을 보내는 아이들이 눈에 들어왔다. 공간을 만드는 데서 끝나지 않고 아이들은 스스로 꾸민 공간을 만끽했다. 공간을 자연스럽게 채우는 모습은 생기가 넘치면서도 편안해 보였다.

아이들은 새로운 아이디어를 가져와서 자기들끼리 알아서 회의하고 부족한 부분을 바꿔 나갔다. 학급문고 모둠은 이동형 칠판에 아이들의 한 줄 감상을 받아 게시했고, 책을 자기 자리나 집에 가져가서 보고 싶어 하는 친구들이 있다며 대여일지를 만들어 왔다. 식물 키우기 모둠에서는 시들어가는 식물이 생길 때마다 가지를 쳐주기도 했다. 사진 게시판 모둠은 자신들이 직접 찍은 사진으로 꾸미고 싶다는 의견을 제시하여 일과 중에도 사진을 촬영할 수 있도록 학교 아이패드를 대여해 주었다. 글 게시판 모둠은 계속해서 새로운 주제의 노래를 추천받기도 하고 게시판에 공개적으로 편지를 주고받는 이벤트를 계획하고 있다. 또 보드게임 모둠은 두더지 잡기의 최강자를 가리겠다며 대진표를 작성하는 중이다.

## 바뀐 것은 공간뿐일까?

우리 아이들이 바뀐 공간에 얼마나 만족하고 있는지, 과연 그 과정에서 무엇을 배웠을지 궁금했다. 활동 소감을 써보자고 했더니 한 아이가 “내 공간에 대해 불만이 나오면 속상할 것 같아요.”라고 걱정했고 대부분 동의했다. 그래서 공간을 사용하며 느낀 불만보다는 좋았던 점과 배운 점을 묻기로 했다. 아이들에게 소감을 물으면 공간을 꾸미고 돌보느라 힘들었다는 말을 먼저 할 것이라 짐작했는데, 오히려 자기가 꾸민 공간이 다른 친구들에게 의미 있기를 바라는 마음이 더 크게 느껴졌다. 아이들은 친구들과 함께하는 과정에서 친해졌고, 마음을 나누며 서로를 이해하게 되었다는 데 크게 만족했다. 그리고 스스로 애를 쓴 만큼 교실에 애착을 느끼고 있었다.

그 가운데 가연이의 소감이 마음에 남았다. 가연이는 학기 초부터 친구들 사이에 잘 섞이지 못했다. 워낙 조용하고 말수도 적은 아이였고, 쉬는 시간에도 주로 혼자 책을 보고 있을 때가 많았다. 혹시나 친구들과의 관계에서 어려움을 겪고 있는 건 아닌지 마음이 쓰여 상담도 여러 번 했는데, 혼자 있는 것이 편하고 아이들과의 관계도 지금 이대로가 좋다는 대답이 돌아왔다. 다른 친구들도 가연이와 어울리고 싶어서 다가가 보는데 거리가 잘 좁혀지지 않는다는 이야기를 많이 했다. 그랬던 가연이가 이런 소감을 적었다.

> 아, 나도 1반이 맞구나. 우리 반이 다 같이 할 수 있는 것이라면 어떤 것이든 좋을 것 같다.

짧은 문장이라 그 마음을 정확히 알 수는 없지만, 주위를 겉돈다고 생각했던 아이가 드디어 우리 반 한 모퉁이로 쏙 들어왔다는 느낌이 들었다.

처음 이 연구를 시작할 때는 고민이 많았다.

이게 공간 연구가 맞나? 어느 학급이나 하는 환경 미화 아닌가? 더 거창한 걸 해야 하나?

하지만 이제 확실히 말할 수 있다. 물리적 변화보다 더 중요한 것이 질적 변화라는 것을. 아이들이 스스로 공간을 꾸미고 돌보는 모습은 우리 교실을 질적으로 크게 변화시켰다. 공간만이 아니라 우리 반 아이들을 바꾸었고, 나를 바꾸었고, 나와 아이들의 관계를 바꾸어놓았다.

## 교실 안에서 우리가 배운 것

나는 원래 아이들에게 무언가를 맡기는 것을 불안해하던 교사이다. 아이들이 미흡해서 못하는 것이 많다고 생각했다. 이번 연구를 진행하면서도 아이들의 결정을 온전히 지지해 주지 못하고 중간에 끼어들어 조언인 척 참견을 늘어놓기도 했다. 하지만 조금만 기다려주면 잘 해내는 아이들을 보면서, 자기 손으로 직접 해낸 일에 보람과 성취감을 느끼는 아이들을 보면서, 기다려주는 것이 교사에게 가장 필요한 미덕임을 새삼 깨달았다.

더 나아가, 평소에는 몰랐던 아이들의 새로운 모습을 발견할 수 있었다. 실천연구가 아니었다면 서로 사진을 찍어주며 깔깔대는 모습을 놓쳤을 것이고, 당번이 아닌데도 남아서 쓰레기를 같이 치워주고 가는 배려의 마음을 놓쳤을 것이고, 다 시들어버린 식물을 어떻게든 살려보려

애쓰는 예쁜 마음을 놓쳤을 것이다.

우리 학급의 가장 큰 변화는 조회 시간이다. 이전까지 조회 시간 20분은 온전히 내 몫이었다. 잔소리하고, 가끔은 독서도 하고, 때로는 미처 끝내지 못한 과제를 시키며 때웠다. 하지만 요즘 우리 반 조회 시간은 날마다 바쁘다. 아이들은 걸핏하면 "선생님, 오늘 조회 시간에 이거 해도 돼요?"라고 요구한다.

우리 아이들은 자기가 머무는 교실을 적극적으로 변화시키며 공간을 만끽하는 방법을 배웠고, 나는 아이들을 믿고 교탁 앞자리를 내어줄 수 있는 여유를 배웠다. 서로 배우며 성장하는 교실, 참 고마운 교실의 풍경이다.

# 7
# 사이언스 라운지에서 머무는 시간

서정아

**서정아**

2000년 〈정량적 물리개념에 대한 어림활동과 측정활동이 문제해결 과정에 미치는 영향〉이라는 논문으로 서울대학교 교육학 박사학위를 취득했으며, 1995년부터 현재까지 중학교 교사로 근무하면서 교육학 이론을 현장에 적용하고 있다. 《5N의 물리학: 물리편》(2009), 《선생님도 놀란 과학 뒤집기 기본편: 소리》(2020) 등 청소년을 위한 과학 도서를 저술했다. 학생들이 과학을 더 쉽고 재미있게 접근할 수 있도록 노력하고 있다.

# 사이언스 라운지에서 머무는 시간

'딱 딱 딱 딱' 탄성충돌구가 부딪치는 소리다. 이 경쾌한 소리가 들리면 학생들이 사이언스 라운지에 왔구나 싶어 기분이 좋아진다. 점심시간에는 밥을 일찍 먹은 학생들이 삼삼오오 찾아와서 탄성충돌구, 플라즈마볼, 정전기볼 등 상호작용할 수 있는 과학기구들을 작동하며 친구들과 이야기를 나눈다.

사이언스 라운지에 머무는 학생들

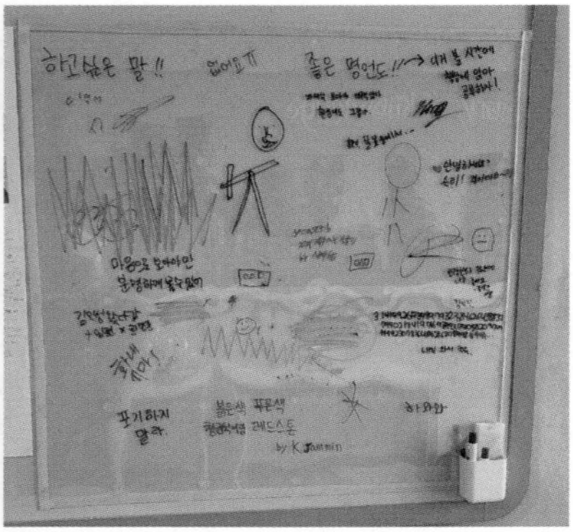

학생들이 찾아오지 않아 의미 없었던 공간이 변하고 있다. 다음 수업을 위해 달려가던 바쁜 학생들이 잠깐 멈추어 전시물을 건드리고 가기도 한다. 학생들에게 즐거움을 주는 공간으로 변해가는 청신호인가? 잠시 희망을 품는다.

## 아이들에게 너무 위험한 과학실험실

"실험 기구 만지지 마세요!" 과학실에 온 학생들에게 늘 하는 말이다. 학생이 다칠 수도 있고, 기구가 고장 날 수도 있기 때문이다. 그렇지만 학생들은 가만히 있지를 않는다. 실험 기구 앞에 앉은 학생들에게 교사의 설명은 들리지 않는다. 실험에 필요한 이론을 전달해야 하는 교사로서는 난감하지만, 학생의 관점에서 본다면 무언가에 도전해 보고 싶은 상황일 것이다. 실험 기구 앞에서 학생들은 스스로 그 기구를 조작하면서 끊임없이 무언가를 하려고 한다. 학생들이 자기 주도적으로 뭔가를 할 수 있는 기회인 셈이다.

실험실을 전면 개방하는 것은 어려운 일이다. 하지만 안전하고 재미있으면서 간단한 몇 가지 기구를 학생들에게 개방하면 어떨까? 학생들이 실험 기구를 맘껏 만질 수 있게 하면 어떨까? 이미 '미니과학관'이라는 이름으로 김정식 선생님께서 비슷한 아이디어를 발표한 적이 있다. 이 아이디어를 부설학교 실천연구에 참여한 선생님들께 공유하니, 다들 좋다며 응원해 주셨다.

사이언스 라운지는 과학정보부실 옆에 있는 교실 반 칸 정도의 복도 공간이다. 원래 이 건물을 지을 때는 학생들의 홈베이스 용도로 마련한 곳이다. 이곳은 창문이 넓어 햇빛이 잘 들어오고 의자와 탁자도 있다. 그런데도 학생들이 앉아 있는 장면을 목격한 경우가 많지 않다. 딱딱한 의자와 햇빛만으로는 학생들을 불러들일 수 없다. 활력이 넘치는 학생들로서는 운동장에서 뛰어놀거나 뒤뜰을 탐색하는 일이 훨씬 더 재미있기 때문이다. 학생들에겐 양질의 지적 자극, 새로운 체험이 끊임없이 필요하다. 한현미는 50년 전이나 지금이나 학교 모습이 크게 다르지 않음을 지적한다.

> 더 늦기 전에 학교 공간에 관심을 기울여야 한다. 아이들이 편안하게, 재미있게, 무한한 상상력을 발휘하여 창의적인 인간으로 성장할 수 있도록 공간을 재구성해야 한다.[1]

지금 당장 우리 학교의 네모반듯한 실험실을 바꿀 수는 없다. 그러나 과학실 옆의 한구석만이라도 약간의 변화를 시도해 볼 수는 있을 것 같았다.

## 공간주권을 학생에게

처음 연구를 시작할 때, 사이언스 라운지에 대한 아이디어는 오직 내 머릿속에서만 나왔다. 교사인 내가 주체가 되어, 내게 편리한, 내가 쉽게 관리할 수 있는 실험 기구를 꺼내놓겠다고 계획했다. 과학실에서 먼

1 한현미(2021), 《교실 한구석에서 시작하는 학교 공간혁신》, 맘에드림.

지 않은 실험 기구를 꺼내놓고 학생들에게 개방하면, 사용하지 않던 실험 기구를 사용하므로 경제적이고, 학생들에게도 학습의 기회가 될 수 있겠다는 행정편의주의적인 발상이었다. 그러던 중 '공간주권'이라는 용어를 만났다.

> 학교도 아이들의 의견을 묻고, 교사들의 의견을 묻고, 나아가 지역사회의 의견을 물어서 사용자 주체로 공간을 바꾸어나가야 한다. 그곳에서 살아가는 사람이 그 공간의 주인이다. 그것이 바로 공간주권이며, 공간에 대한 권리이다.[2]

이 글을 읽으며 내가 큰 실수를 하고 있다는 사실을 깨달았다. 사이언스 라운지는 학생의 공간이어야 한다. 그렇게 하려면 학생들이 공간주권을 가져야 하는 것이다. 사이언스 라운지의 주권이 교사에게 있다면 교사의 일이 하나 늘어난 것에 불과하다. 학생들은 그곳에서 행복하지 않을 것이며, 그 공간은 결국 의미가 없는 또 하나의 해프닝으로 끝날 것이다.

MRI를 개발한 더그 디츠는 그 훌륭한 기계가 어린아이들에게 공포의 대상에 불과함을 깨닫고, 어린아이의 눈높이에 맞추어 MRI의 외관을 놀이동산에 있는 모험용 탑승기처럼 변화시켰다고 한다.[3] 아무리 교육적이라 해도 학생에게 닿지 않는다면 아무 의미가 없다.

2 한현미, 앞의 책.

3 데이비드 켈리·톰 켈리(MX디자인랩 역, 2021), 《아이디오는 어떻게 디자인하는가》, 유엑스리뷰.

첫발은 잘못 디뎠지만 돌이킬 시간은 충분했다. 나는 학생들에게 사이언스 라운지를 설명하고, 전시되길 원하는 과학기구가 무엇인지 물었다. 학생들에게 별다른 아이디어가 없을 것이라는 나의 선입견이 무색하게 흥미로운 기구들 목록이 들어오기 시작했다.

희망 전시물 조사 결과

| | | |
|---|---|---|
| 움직이는 장치 | • 탄성충돌구<br>• 힘을 가하면 끊임없이 돌아가는 기구<br>• 미니 자기부상 열차 | • 브라키스토크론(최단강하곡선)<br>• 데스크모빌 |
| 관찰하는 장치 | • 현미경과 관찰 샘플 | • 천체 망원경 |
| 작동하는 장치 | • 감압 용기 | • 3D 프린터 |
| 기타 | • 전등 | |

기구는 물리, 화학, 생물, 지구과학 등 학문적 기준이 아니라, 기구를 사용할 학생들 관점에서 분류했다. 어떤 학생은 '브라키스토크론'이라는 전문적인 장치를 제안하기도 했다. 수학·과학 전문서에서 봤단다. '힘을 가하면 끊임없이 돌아가는 기구'가 무엇인지 제안한 학생에게 물어보니 유튜브에서 봤다고 한다. 학생들은 다양한 매체를 통해 신기한 과학기구들을 접하고 있었고, 이를 실제로 다뤄보고 싶은 욕구가 있었다.

다음으로 사이언스 라운지를 본격적으로 구성했다. 공간은 직사각형 모양이고 고정된 탁자와 의자가 있다. 공간을 획기적으로 바꾸긴 어려웠다. 벽면에 학생들이 자유롭게 흔적을 남길 수 있는 보드를 설치하고, 테이블에 재미있는 실험 기구들을 전시하고, 이름을 적도록 방명록을 두는 정도였다. 학생들은 식물이 있어도 좋겠다고 했다. 푹신한 의

사이언스 라운지의 모습

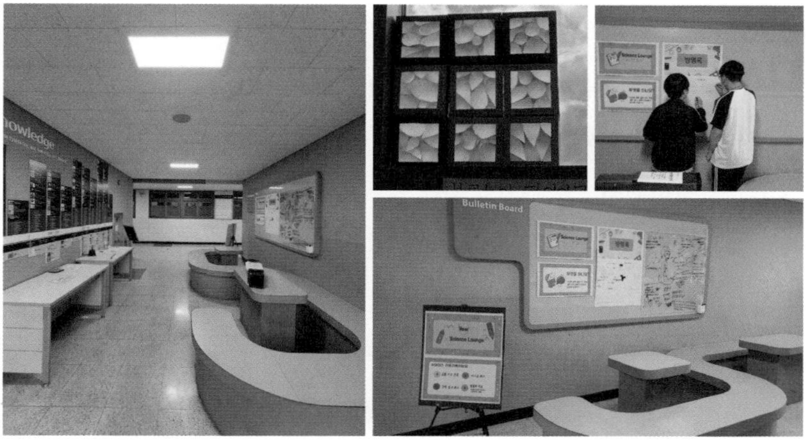


자가 필요한지 물어보니 그 비용으로 차라리 재밌는 실험 기구를 사는 게 좋겠다고 했다.

추후 학생들이 많이 방문하고 이 공간이 안정적으로 운영된다면, 벽면을 우주선 내부 혹은 바닷속과 같이 꾸며도 재밌을 것 같다. 그러나 비용 대비 교육적 의미가 크지 않을 수도 있으므로 이 부분은 고민해 볼 과제이다.

## 학생들이 와서 머무는 미니과학관

사이언스 라운지를 개관하고, 가게를 새로 연 주인의 마음으로 학생들 반응을 살폈다. 과학실험실에서 기구를 함부로 만지다가 혼난 경험이 있어서인지 선뜻 다가오지 못하는 학생, 장난스럽게 만지다가 눈치를 보는 학생도 있었다. 지금은 학생들이 자연스럽게 활동하고 방명록도 남기는 장소가 되어가고 있다. 그 변화 과정을 여기에 기록한다.

### (1) 첫 주인공, 바늘구멍사진기가 외면당하다

처음엔 교사인 내가 가장 간편하다고 생각한 바늘구멍사진기를 전시했다. '간편함'이라는 기준은 교사 중심적인 생각이었는데, '고장 나도 상관없는, 비용이 거의 안 드는' 기구라는 뜻이었다.

학생들이 낙서할 수 있도록 투명 보드도 설치하고 방명록도 비치했다. 그러나 학생들은 별 관심을 보이지 않았다. 생각해 보면, 바늘구멍사진기는 교사의 설명이 필요한 전시물이었기 때문이다. 학생들은 그

설명이 필요한 전시물인 바늘구멍사진기

게 뭔지 몰라서 휙 보더니 그냥 가버렸다. 귀찮다는 듯이 방명록도 작성하지 않았다.

학생들에게 희망하는 전시물을 조사한 시기가 바로 그 무렵이다. 학생들이 원하는 전시물은 움직이거나 안 보이는 것을 보이게 해주는 종류가 많았다. 학생들이 원하는 전시물을 중심으로 몇 가지를 추가로 구매했다.

### (2) 탄성충돌구로 스트레스를 날리고 플라즈마볼로 토론하다

학생들이 희망했던 탄성충돌구와 플라즈마볼의 효과는 놀라웠다. 탄성충돌구는 에너지보존법칙, 운동량보존법칙을 보여주는 좋은 과학기구이다. 그 기구는 사이언스 라운지에서도 좋은 역할을 했는데, 학생과 교사 모두에게 그랬다. 학생들은 쉬는 시간에 지나가다가 심심하면 작동시킨다. 딱딱거리는 소리가 재밌는지 "제가 작동시켜 두고 왔어요."라고 자랑하기도 한다. 경쾌한 소리가 나는 과학기구가 장난감처럼 흥미를 돋우는 것 같다. 그 소리는 교사에게 일종의 신호이다. 학생이 사이언스 라운지에 방문했음을 알려주는 도우미 역할인 셈이다.

플라즈마볼은 과학관에 꼭 하나씩 있는 장치다. 플라스틱볼 내부에 고전압봉이 있고, 비활성기체로 가득 차 있다. 플라스틱 표면에 손을 대면 번개가 치는 신비로운 장면을 볼 수 있는데, 과학관에서만 보는 장치를 학교에서 쉬는 시간에 보니 흥미로워한다. 지나가는 길에 엿들어보니, 학생들이 이런 질문을 주고받았다.

학생들의 눈길을 끈 탄성충돌구와 플라즈마볼

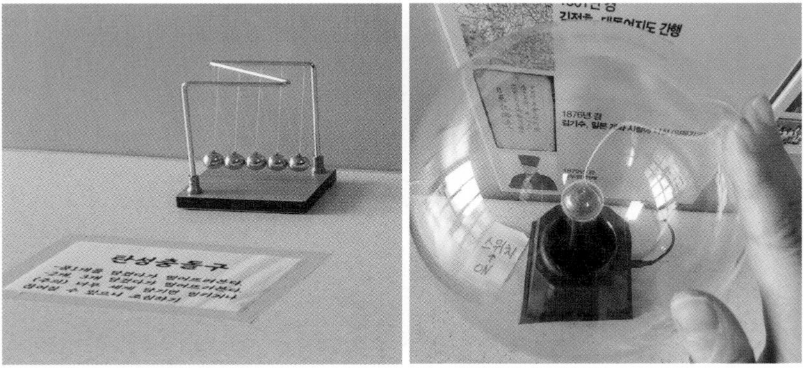

- 여기 손을 가져다 대면 왜 빨개질까?
- 열평형이 일어나나?
- 유리 볼이 깨지면 어떻게 되지?

그러다가 내가 다가서면 질문 세례가 이어진다.

- 유리 볼을 깨고 전압봉을 만지면 어떻게 되나요?
- 딱딱 소리 나는 탄성충돌구의 원리는 무엇인가요?

학생들이 이곳에 머물면서 의미 있게 시간을 보내는 것 같아 보람을 느꼈다.

### (3) 페달 발전기로 달려 나가다

학생들이 움직이는 것과 작동하는 것에 관심이 많은 듯해, 그 두 가지를 모두 충족하는 발전기를 전시했다. 발전기는 교육과정의 여러 개

페달 발전기의 모습

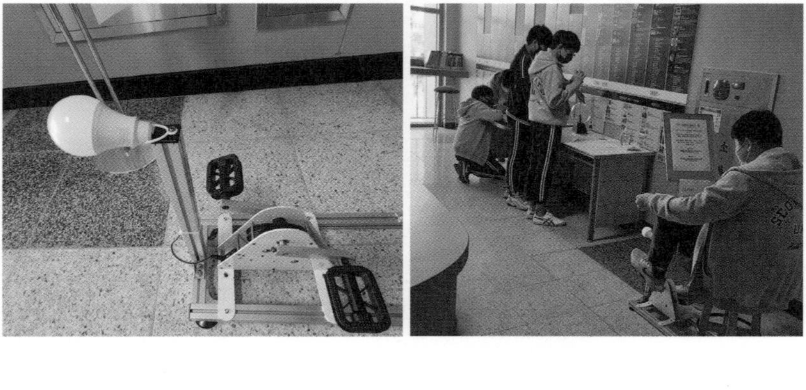

념과 연계가 되고, 건전지나 전원장치 없이 전구를 켜고 충전을 한다는 점에서 교육적으로 의미가 있는 장치다. 예상한 대로 학생들의 관심도 뜨거워서, 앉아서 페달을 힘껏 밟는 학생들의 모습을 쉬는 시간마다 볼 수 있다. 학생들은 페달을 밟으며 에너지 전환을 체험할 수 있다.

### (4) 보로노이 빛상자 전시로 공간 주도권을 학생에게 넘기다

동아리 활동 중 보로노이 빛상자를 만들었다. 광원에 비추면 아름다운 무늬를 볼 수 있는 장치인데, 예술과 과학을 접목한 것이다. 이 작품을 사이언스 라운지에 전시하자고 제안했고 학생들도 동의했다. 전시물 설치 방법, 전시물 설명서 작성법 등에 대한 아이디어를 학생들이 직접 제시하고 전시를 진행하도록 했다. 공간 주도권을 학생들에게 넘긴 셈이다.

학생들은 전시물을 설치하는 위치에 대해 의논할 뿐 아니라, 사이언스 라운지를 좀 정화해야 한다며 낙서 중 이상한 것을 지우는 작업을 했다. 또 전시물 파손에 대한 경고문구 등을 작성해서 부착했다. 동아

동아리 학생들이 보로노이 빛상자를 설치하는 모습과 결과물

데스크 모빌

리 구성원 모두가 협업하여 만든 보로노이 빛상자가 아름답게 전시되었고, 더 나아가 게시판도 많이 정리되었다. 주도권을 넘겨받은 학생들은 그만큼 성숙하게 행동했다.

교과 시간에 몇 명의 학생이 데스크 모빌을 설치하자고 여러 차례 건의했다. 비싸긴 한데 꼭 보고 싶다며 졸랐다. 그 의견을 반영하여 데스크 모빌을 설치했다고 알리자 후다닥 달려왔다. 이젠 또 다른 학생들이 "천체 망원경도 설치해 봅시다."라고 제안한다. 학생들은 이 공간을 흥미로운 과학 교구들로 꽉 채우길 절실히 원하고 있다.

공간에 거주하는 사람은 그 공간에 대한 주도권을 행사할 때 행복감을 느낀다. 11월 말이 되는 이 시점, 사이언스 라운지는 점점 학생들이 머무는, 다소 시끌시끌한 공간이 되고 있다. 추후 공간에 대한 관리 방안도 모색해야 하는데, 상설동아리와 연계하는 방안이 가장 합리적이라 생각한다.

## 더 크게 꾸는 꿈

지금까지는 사이언스 라운지를 운영하는 데 학생보다는 교사의 역할이 컸다. 이 문제를 개선할 방법을 생각해 보았다.

첫째, 과학 관련 상설동아리에서 운영하는 방안이다. 과학에 관심 있는 친구들이 상설동아리를 운영하곤 하는데, 상설동아리 가운데 하나에서 이 공간을 관리하면 어떨까 싶다. 상설동아리에서는 이 공간을 활용하여 보고서나 창작물을 발표할 수도 있다. 학생의 흔적이 더 많이 묻어 있는 공간이 된다면 좋겠다.

둘째, 이름도 학생들이 지었으면 한다. '사이언스 라운지'는 교사인 내가 작명했다. 너무 길어 부르기도 힘들뿐더러 외래어로 짓는 실수를 저질렀다. 학생들에게 공모하여 이 공간의 이름을 지어도 좋겠다. 스팀 과학반 학생들에게 개인적으로 물어보니 '과학쉼터', '과학정원', '과학 놀이터' 등 몇 가지 이름이 나왔다. 추후 정식으로 공모를 하여 새로 정하면 의미가 있을 것이다.

구글 클래스룸과 패들렛에 올린 사이언스 라운지 홍보

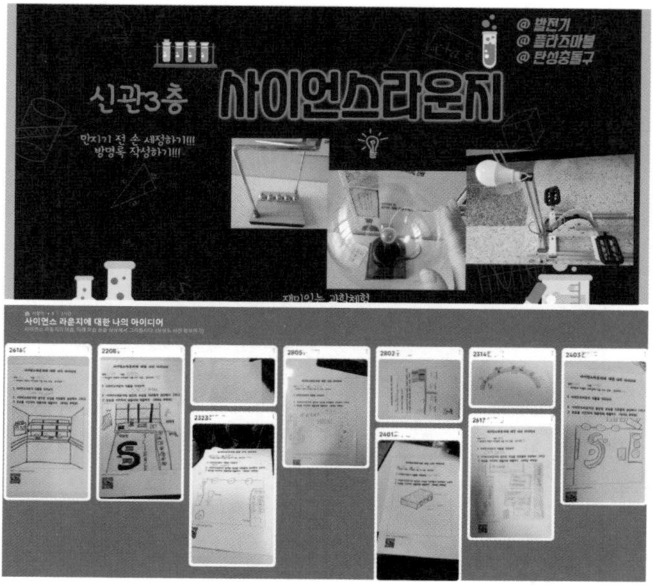

셋째, 더 많은 학생이 더 자주 찾을 수 있게 해야 한다. 구글 클래스룸 이벤트나 홍보는 이 공간에 유입되는 학생들의 수를 꾸준히 늘려주었다. 과학적인 상상력이 필요한 과제를 수행하고 전시하면 작게나마 보상을 해주는 방법도 시도해 볼 만하다. 또한 사이언스 라운지를 패들렛과 연계해서 운영해도 좋겠다. 패들렛은 한눈에 보기에 좋아 사이언스 라운지를 온라인과 오프라인으로 연계하여 운영할 수 있다.

새로운 아이디어가 창조되는 곳은 딱딱한 연구실이나 실험실이 아니라고 한다. 과거 케쿨레는 꿈속에서 벤젠 고리를 생각했고, 뉴턴은 고향에서 쉬다가 만유인력을 떠올렸다. 사이언스 라운지가 학생들에게 새로운 아이디어를 떠올리게 하는 공간이 된다면 얼마나 좋을까.

그래서 더 큰 꿈을 꿔본다. 스팀과학반 학생들에게 사이언스 라운지의 발전된 모습을 그려보라고 했다. 다큐멘터리 시청 공간, 체험 공간, 토론 공간 등 재밌는 아이디어가 쏟아져 나온다. 이 공간의 교육적 가

**스팀과학반 학생들이 그린 사이언스 라운지의 발전된 모습**

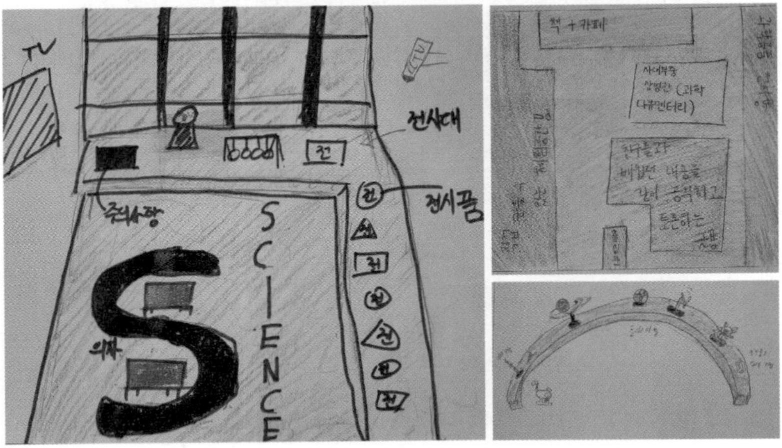

능성을 다시금 느끼게 된다.

이 공간을 운영하는 데 지나치게 많은 힘이 든다면 지속되긴 불가능하다. 교사와 학생 모두 가벼운 마음으로 머물며 과학을 즐길 수 있는 공간으로 천천히 개선하고 싶다. 세월이 흐른 뒤 과학자가 된 서울사대부중 졸업생이 이 공간을 자신의 진로에 영향을 준 좋은 곳으로 기억해 준다면 좋겠다. 너무 거창한 바람이라고 해도 꿈은 꿈꾸는 자의 것이니 희망을 품어본다.

# 8
# 참새가 방앗간 드나들 듯 찾아오는 체육 교실

주지원

**주지원**

1997년에 교직을 시작하여 2008년부터 서울사대부여중에서 체육교과를 담당하고 있다. 여학생만으로 이루어진 학교의 특성과 교육과정을 고려하여, 한 학년 전체가 참여하는 창작·표현 활동을 체육대회와 연계하여 담당하고 있다. 여학생 스포츠 활성화를 위해 치어리딩 클럽을 운영하면서 서울 및 전국 스포츠클럽 대회에 꾸준히 출전하고 있다.

# 참새가 방앗간 드나들 듯 찾아오는 체육 교실

"애들아, 이 세상에서 가장 빠른 사나이라는 별명을 가진 사람이 누구지?"

"우사인 볼트요."

"맞아! 정말 대단한 선수야. 이 선수는 태어날 때부터 '응애' 하며 달리지 않았을까?"

학년 초 온라인으로 건강 관련 수업을 진행했다. 나의 썰렁한 농담에 화면 너머로 '피식' 하며 웃는 학생도 있었고, 어떤 학생은 어이가 없다는 표정을 지었다. 그러나 내가 설명을 이어가자 학생들은 고개를 끄덕였고, 건강한 생활 습관 형성을 위해 자신이 실천할 계획을 작성했다. 그 계획을 한 번이라도 꼭 실천해 보자는 말로 수업을 마무리했다.

사람이 달릴 수 있다는 것은 아기 때 첫걸음마가 있었기 때문이겠죠? 오늘 여러분들이 작성한 운동 실천 계획은 건강한 삶을 위한 출발입니다. 이게 과제 제출로 끝나서는 안 됩니다. 처음 한 발을 내딛는 작은 실천부터 시작해 봅시다.

## 우리의 일상을 지배한 코로나19

몇 년 사이에 코로나19가 전 세계를 덮쳤다. 학교도 이전과 달라졌다. 원격수업이라니! 교사가 시범을 보여주고 학생들의 자세와 동작을 지켜보고 교정도 해야 하는 체육 수업에서는 정말 '대략 난감'이었다.

코로나19는 감염된 사람들에게 다양한 형태로 흔적을 남겼다. 누구는 잠깐 아프고 말았고, 또 어떤 누구는 전혀 증상이 없었다. 사람마다 나타나는 증상도 다르고 예후도 달랐다. 개인의 기저질환과 건강 상태가 영향을 미친 것이다. 코로나19를 겪으며 어른들이 항상 강조하시던 그 말씀을 되새겨 본다.

뭐니 뭐니 해도, 건강이 최고야.

코로나19 방역 관련 공문을 꼼꼼히 읽다가 문득 이런 생각이 들었다. '체육 수업을 하라는 건가, 하지 말라는 건가?' 예전에 읽었던 전래동화가 떠올랐다. 비가 오면 소금 장수인 첫째 아들 걱정, 날이 맑으면 우산 장수인 둘째 아들 걱정. 이래도 저래도 걱정인 그 어머니 심정이 아마도 나와 같았을 것이다.

나는 학생들의 전인적 건강을 도모하고 교육하는 체육 교사이다. 우리 학생들이 이 시기를 잘 이겨낼 수 있도록 건강한 생활 습관을 형성하도록 돕는 게 내 역할이다. 그런데 어떻게? 신체 활동을 하려면 방역지침이 발목을 잡고, 방역지침을 준수하자니 너무 제한적인 신체 활동만 가능하다. 특히 원격수업에서는 따라 하지 않는 학생들도 많고, 작은 화면으로 주고받는 피드백이 만족스러울 수가 없었다.

이런 사태가 터지기 전에 선생님들끼리 우스개로 "학생 없는 학교는 참으로 아름다운 곳이야!"라고 했던 그 순간을 반성한다. 수업 시간에 졸거나 딴짓을 하더라도 교실과 운동장에서 아이들을 만나고 싶다.

## 코로나19 시대의 학생, 신체 활동의 위축

> 얘들아! 등교하지 못할 때, 집에서 운동은 하고 있니? 요즘 '홈트(home training)'가 대세잖아.

수업에 참여한 학생들에게 물었다. 대답은 비슷했다. 밖에 나가지 못하고 집에만 있다 보니 거의 움직이지 않고 누워 있는 시간이 많다는 것이다. 먹는 음식량은 더 늘었고, 체중도 예전보다 많이 증가했다고 한다. 중학생인 내 딸의 모습과 크게 다르지 않았다.

원격수업이 시작되던 시기에는 학생들에게 잠깐이라도 여유를 누리게 해야겠다는 생각에 그냥 편히 쉴 수 있게 해주었다. 그러나 원격수업이 길어지면서 상황은 나빠졌다. 낮과 밤이 바뀐 채로 생활하다 보니, 제시간에 수업에 참여하지 못하는 학생들이 많았다. 게다가 좁은

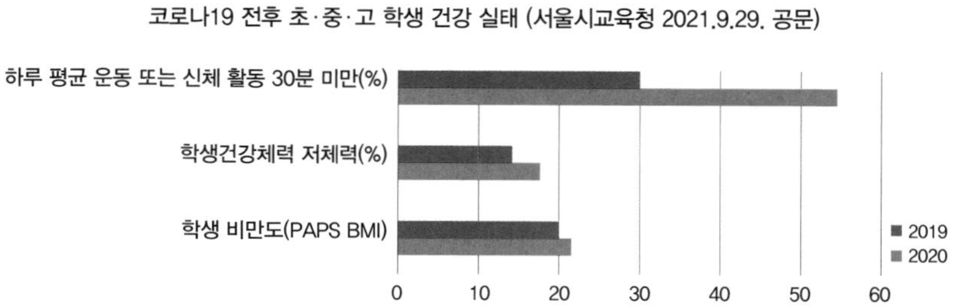


화면을 바라보는 시간이 크게 늘면서 눈의 피로도는 더욱 증가했다. 정상적인 학업을 방해하는 생활의 연속이었다.

청소년의 신체 활동은 학교생활에 많은 부분을 의지하고 있다. 그런데 코로나19로 인해 등교수업은 축소되고, 대신 방역지침은 더욱 강화되었다. 학생들의 신체 활동은 위축되고, 건강한 생활 습관을 형성하기는 어려워졌다.

## 체육 교실을 아이들에게 돌려주자

원래 예체능 교과 교실이 있던 건물이 신축공사 중이라 일반 교실을 배정받아 체육 교실로 사용하고 있다. 여기에 체육 기구, 도서, 다양한 종류의 큐브, 게임 도구 등을 수납해 두고 수업에 활용하고 있다. 어느 날, 수업 준비를 위해 점심시간에 체육 교실에 들어가니 몇몇 학생이 체육 교실에 있던 게임 도구를 가지고 책상 위에서 놀고 있었다. 학생들의 모임이나 다른 교실 출입을 제한하던 때라서 이렇게 말했다.

여기서 뭐 하니? 너희들 맘대로 여기 들어오면 안 돼. 다음부터는 주의하자!

그런데 학생들을 보내고 이런 생각이 들었다.

> 코로나19 방역지침을 잘 지킬 수 있도록 체육 교실 출입을 제한하는 지도였지만, 어쩌면 교사의 생각만 내세운 일방적인 지도가 아니었을까? 체육 교실은 교사만의 교실이 아니다. 교육 활동의 주체인 학생들과 공유하는 공간인데, 나는 왜 수업 시간 이외에는 출입하지 말라고 했을까? 학생들에게 공용 공간을 잘 사용할 수 있도록 지도하는 편이 훨씬 좋지 않았을까? 참새가 방앗간을 그냥 지나칠 수 없다면, 차라리 그곳에서 좋은 활동을 하고 좋은 기억을 쌓을 수 있도록 지도하자. 이것이 체육 교실 공간을 효율적으로 사용하는 방법이 아닐까?

건강은 실천하는 습관에서 출발한다. 학생들이 건강한 생활 습관을 형성하려면 직접 실천하고 체험하는 시간이 필요하다. 짧은 점심시간이라도, 아니면 방과후나 주말이라도 학생들이 신체 활동을 할 수 있는 환경을 만들어주고 싶었다. 그래서 체육 교실을 조금 다른 공간으로 구성해야겠다는 생각이 들었다.

처음 머릿속에 떠오르는 단어들을 낙서하듯 적어보았다. 심신의 건강을 위해 무엇이 필요할까? 건강을 위해 빠질 수 없는 운동 공간, 잘 쉬는 것도 운동만큼 매우 중요하니까 휴식 공간, 만화책이라도 좋으니 스포츠와 관련된 책을 읽을 수 있는 독서 공간, 잘못된 자세와 경직된 근육을 풀어줄 수 있는 스트레칭 공간, 여럿이 함께 즐길 수 있는 게임 공간, 실제로 갈 수는 없더라도 기분이라도 느껴볼 수 있는 캠핑 공간, 그리고 또 어떤 공간으로 바꿔볼 수 있을까?

우리 학교 체육 교실

이번 연구를 통해 강연과 책, 그리고 좋은 자료들을 많이 접했다. 추가로 관심 있는 자료를 더 조사했다. 자료가 정말 많았다. 꼬리에 꼬리를 무는 호기심으로 이것저것 접하면서 삼천포로 빠질 때도 있었지만 흥미롭고 재미있었다. 살짝 설레는 마음과 함께 사고 싶은 교구와 물품이 떠오르기 시작했다. 시간이 날 때마다 공간을 둘러보고, 낙서하듯 그려보고 지우기를 반복했다.

더 많은 학생이 참여할 수 있으면 좋겠지만, 등교 학년이 기간별로 한정되어 아쉬웠다. 어떤 물건을 살까, 대상 학년은 누구로 할까, 이걸 다 진행할 수 있을까, 제한된 시간 동안 실천 가능한 것은 무엇일까, 내가 생각하는 공간을 학생들도 좋아할까, 실제로 사용할 학생들은 어떤 공간을 원할까……. 고민이 꼬리에 꼬리를 물었다.

내 생각도 중요하지만 학생들의 생각과 눈높이를 알아봐야 했다. 학생들의 요구를 모두 수용할 수는 없지만, 내가 생각하지 못했던 참신한 아이디어가 나올 것 같았다. 그리고 다수 학생이 원하는 내용을 참고하여 우선순위를 정할 생각이었다.

> 너희들은 체육 교실이 어떤 공간이면 좋겠니? 이 공간에 어떤 것이 있으면 좋을지, 어떤 물건으로 바꾸면 좋을지 생각해 보자. 꼭 이 장소가 아니더라도 복도나 다른 장소로 생각해도 좋아. 너희들이 원하는 내용을 이유와 함께 적어보자.

학생들은 기대를 저버리지 않았다. 소소한 소품에서부터 리모델링이 필요한 공간까지 자유롭게 그리고 재미있게 자신들이 원하는 공간을 표현했다. 학습과 게임, 신체 활동을 위한 공간에다 먹거리도 원했지만, 생각보다 많은 학생이 편하게 쉴 수 있는 공간을 원했다. 현재의 체육 교실에서는 실현하기 어려운 내용이 많아 안타까웠다.

- 자유롭게 낙서할 수 있도록 전체가 칠판으로 된 벽면
- 캠핑용 의자와 테이블, 거기에 앉아 음악을 들을 수 있는 헤드셋과 플레이어
- 매트, 담요와 쿠션, 낮은 소파
- 어두운 조명과 수면 음악이 흐르는 수면 캡슐 또는 빈백 소파의 수면방
- 친구와 함께 탈 수 있는 작은 벤치 그네
- 예전의 홈베이스를 사용할 때처럼 자료를 검색하고 출력할 수 있는 장비

- 보드게임을 위한 4인용 테이블과 책상
- 스트레스도 풀고 휴식도 할 수 있는 카펫과 러그가 있는 마루
- 자율학습을 할 수 있는 스터디카페
- 심신의 안정을 위한 공기 정화 식물, 디퓨저, 그리고 먹거리(우유와 꿀물)
- 접이식 책걸상과 커튼을 활용한 다목적 공간
- 서로 연결하면 원형이 되는 책상과 그 안팎에 배치한 의자
- 더 많은 운동 기구를 배치하여 근력 운동을 할 수 있는 헬스장
- 누구나 쉽게 드나들 수 있도록 복도 벽이 없는 개방형 교실

학생들이 꿈꾸는 체육 교실

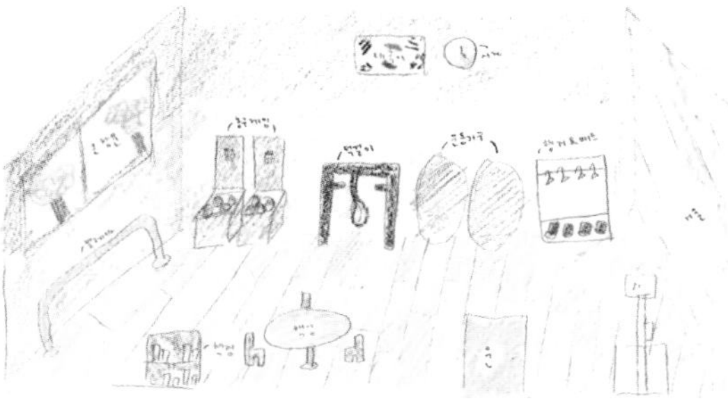

왼쪽 벽에는 큰 창문으로 환기
오른쪽 벽 전체를 거울로
벽은 보라와 핑크색으로 화사하게
체중계가 있어 수시로 체중과 키 측정
구석에는 행거에 겉옷을 보관
발레바와 매트를 이용하여 스트레칭
태극기와 시계…….

학생들의 희망 사항을 받고 보니 머릿속이 더욱 복잡해졌다. 등교수업과 원격수업의 병행은 계속 길어지고, 실천연구 기간은 짧다. 필요한 물품 구매와 배송 기간, 교과와 교사의 공간 사용 협의, 그 밖의 여러 가지 상황을 고려한다면 연구의 첫발을 떼는 일도 엄두가 나질 않았다.

선생님, 지도안 작성하시느라 정말 고생 많이 하셨네요. 그런데 이 모든 것을 한 차시 수업에서 구현할 수 있을까요? 이 수업에 반드시 적용하고

싶은 것을 3가지만 선택해 보실래요?

해마다 5월이면 부설학교 학생들을 설레게 하는 교육실습생들을 지도하며 내가 자주 했던 말이다. 지금 내게 필요한 것은 선택과 집중이다. 모든 준비가 완벽한 상태에서 시작하려는 욕심을 버리자. 몇몇 학생이라도 좋다. 학생들의 요구 가운데 하나라도 좋다. 굳이 새 물품이 아니어도 좋다. 지금, 바로 여기에서 시작할 수 있는 일부터 실천해 보자. 공간을 가득 채우려고 하지 말고, 버리고 비우면서 시작하자.

## 작은 실천으로 건강 습관 키우기

《아주 작은 습관의 힘》에서 저자는 작은 행동 하나를 바꾸면서 사소한 습관이 생겼고, 그 습관이 인생을 바꾸게 했다고 말한다. 습관은 복리로 쌓이고, 시간이 지나면 좋은 습관의 힘과 나쁜 습관의 대가는 현저한 차이를 드러낸다. 나 또한 이번 실천연구를 통해 학생들을 건강한 삶으로 이끌어줄 작은 습관을 기르도록 도와주고 싶었다.

> 일상의 습관들이 아주 조금만 바뀌어도 우리의 인생은 전혀 다른 곳으로 나아갈 수 있다. 1퍼센트 나아지거나 나빠지는 건 그 순간에는 큰 의미가 없어 보이지만 그런 순간들이 평생 쌓여 모인다면 이는 내가 어떤 사람이 되어 있을지, 어떤 사람이 될 수 있을지의 차이를 결정하게 된다. 성공은 일상적인 습관의 결과다. 우리의 삶은 한순간의 변화로 만들어지는 것이 아니다. (이한이,《아주 작은 습관의 힘》에서)

체육 교실을 찾아오는 학생들과 가볍게 이야기를 시작했다. 게임 기구와 책도 소개하고, 언제든지 자유롭게 사용해 보라고 권했다. 작심삼일이 꼭 나쁜 것만은 아니다. 3일 후에 또 작심하고, 또 작심하기를 반복하면 된다. 이처럼 작심삼일이 모이고 모여서 작심백일이 될 수도 있다. 티끌 모아 태산이라고 하지 않는가.

운동이 필요한 이유도 가지각색이었다. 무용 관련 고등학교 진학을 희망하는 아이, 체중 감량을 원하는 아이, 척추 자세 교정을 해야 하는 아이……. 실내자전거 타기와 스틱을 이용한 스트레칭 등 체육 교실에서 할 수 있는 운동 프로그램을 소개했다. 운동 기구 사용법과 주의사항, 실시 횟수와 순서 등을 설명하고 수행 동작에 대해 피드백을 해줬다.

학생들과 얘기하다가, 공부도 함께 실천하자는 얘기가 나왔다. 학생들의 다짐이 말로만 끝나지 않도록 도와주고 싶은 생각에, 자기 주도적인 운동과 학습을 위해 플래너를 활용하기로 했다. 동기부여와 함께 진행 상황을 점검하는 방법이 되겠다는 생각이 들었다. 그래서 광화문에 있는 서점을 방문했다. 학습교재도 둘러보고, 학습 플래너도 선택하고, 맛있는 저녁도 함께 먹으면서 우리의 의지를 다졌다. 시작이 반이라는 속담이 우리를 설레게 했다.

학습플래너 예시

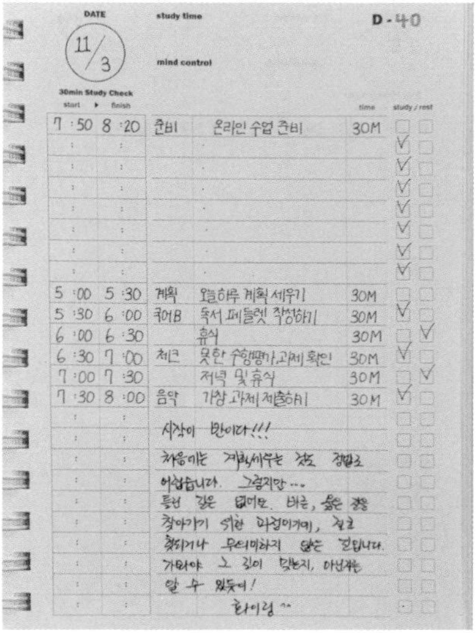


운동도 학습도 스스로 계획해

서 실천해 본 경험이 적었던 학생들은 처음의 다짐과 달리 어려움에 직면했다. 서로 만나기로 약속했지만 갑작스럽게 일이 생겼다며 바람을 맞히는 날이 잦았다. 특히 원격수업 기간에는 집에서 학교로 오는 일이 쉽지 않았다. 어렵게 만났지만 플래너 작성하는 것을 잊거나 챙겨 오지 못하는 날도 있었다. 가져오기는 했지만 내게 보여주기 창피하다고 숨기기도 했다. 학생이 작성한 플래너에서 볼 수 있듯이, 교사와 마찬가지로 학생들도 나름대로 바쁘다. 계획이기는 하지만 식사와 휴식 시간이 고작 30분이라니! 교사가 학생들에게 조금 과한 욕심을 낸 것은 아닌지 반성하게 되었다. 과유불급이라고 했으니, 교사가 먼저 계획을 변경했다. 아직 스스로 계획하고 실천하는 습관이 형성되지 않은 학생들은 눈높이를 더욱 낮춰야 했다. 운동과 학습을 세트처럼 실천하기보다는 운동이나 학습 중 한 가지만이라도 실천하도록 했다. 학생들이 먼저 선택한 것은 운동이었다.

학생들이 온라인 수업 기간에 수업을 마치고 학교로 다시 등교하기는 쉽지 않았다. 그래서 등교수업 기간을 좀 더 적극적으로 활용해야 했다. 1시간이 어렵다면 10분이라도 실천하도록 했다. 학생들은 가능한 자투리 시간을 내서 실내자전거를 탔고, 춤추기를 좋아하는 학생은 자전거를 타는 대신 춤을 연습했다. 자신들이 좋아하는 것을 선택하니, 춤 연습 시간은 90분도 부족하다고 했다. 정말 열심히 잘했다고 칭찬해줬다. 운동량도 많았겠다고 격려하면서 연습한 춤도 보여달라고 했다. 그리고 잠깐 휴식 시간을 갖고 학습 과제를 조금이라도 해보자고 했다. 공부하다가 졸리면 스트레칭도 하고, 집중력이 떨어지면 잠깐씩 자전거를 타면서.

운동선수에게 운동만큼 중요한 것이 휴식이다. 운동과 학습이 아니면 어떤가! 체육 교실에서 잘 쉬면서 힐링을 하면 다른 시간을 더 효율적으로 잘 보낼 수 있다. 체육 교실을 운동과 학습, 그리고 편안한 휴식을 위한 공간으로 학생들에게 제공했다. 참새가 방앗간 드나들 듯 찾아오는 체육 교실을 꿈꾼다.

## 실천하고 있다는 사실이 중요하다

체육 교실을 찾아와서 이용하던 학생들의 운동 능력에 변화가 일어났을까? 짧은 시간에 큰 발전이 없을 수도 있지만 그건 그리 중요하지 않

자유시간을 보내는 체육 교실의 아이들

다. 무엇을 해야 하는지 깨닫고 실천하겠다고 결심한 사실이 중요하다. 더 나아가 우리는 한 걸음씩 실천하고 있다.

체육 교실을 찾아오는 아이들이 조금씩 변했다. 서로 대화가 많아졌고, 서로의 일정을 공유했다. 등교수업이 확대되면서 약속도 더 잘 지켰다. 나도 아이들에게 실천 내용을 공개한다. 주중에는 하루 6,000보 이상을, 주말에는 하루 10,000보 이상을 걷고 있다.

"우와, 이제 2분밖에 안 남았어! 더 빨리 달려야 해."

"선생님, 이 버튼은 뭐예요? 운동량을 어떻게 높여요?"

"허벅지에 살짝 통증이 느껴지면 이 레버 숫자를 낮춰."

"적절한 운동 강도를 찾았으면 일정 시간을 정해서 해볼까?"

교사가 학생들을 믿었더니 학생들은 자율과 책임감으로 반응했다. 이전보다 쉬는 시간과 점심시간, 수업 시작하기 전, 체육 교실에 좀 더 빨리 와서 무엇인가를 하고 있었다. 그런 모습을 바라보는 것이 무척 재미있다. '애들은 저렇게 노는구나! 저런 대화를 하는구나!' 아이들은 가끔 내게 다가와 말을 건네기도 했고, 사소한 선물을 건네기도 했다. 고등학교 진학을 위한 자기소개서 작성과 면접 준비에 대한 걱정에 조언을 구하는 학생도 있었다. 친한 친구와 함께 자전거를 타고, 자유롭게 끼리끼리 모여 게임도 하고, 진로에 관한 정보를 나누고, 큐브를 맞추는 방법을 친구에게 설명하고, 스포츠 도서를 읽거나 문제집을 풀기도 했다. '좀 더 빨리 이 공간을 내어주었다면 좋았겠구나!' 라고 생각했다.

본격적인 연구를 진행하기에는 예산과 기간이 제한적이었다. 그래서 어렵고 힘든 점도 많았지만, 그 안에서 얻은 것들도 많다. 우리 학교 예체능관은 현재 신축 중이라 2022년 하반기 완공을 목표로 한다. 이처럼 안정적인 환경이 구축된다면 올해의 연구를 보완하여 다음과 같이 더 체계적으로 실천하고 싶다.

첫째, 학생이 자율적으로 참여하고 작성할 수 있는 웹 기반 운동일지 활용이다. 참여 시간과 활동한 내용, 간단한 소감을 적는 방식인데 학생마다 일지를 분석하면 출결, 사용한 기구, 수행 수준과 향상도를 쉽게 파악할 수 있다. 이처럼 생생한 자료를 활용하여 피드백을 지속해서 한다면 효율적일 것이다.

둘째, 적절한 보상 프로그램이다. 간단하게는 출석 빈도와 시간 등을 기록할 수 있는 보드만 활용해도 긍정적인 동기부여가 가능하고, 선의의 경쟁도 가능하다. 적절한 상품을 건다면 더 효율적일 것이다.

셋째, 자유로운 의견 제시를 위한 게시판 활용이다. 학생들이 공간을 사용하면서 불편한 점은 무엇인지, 어떤 휴식 공간을 원하는지, 사용하고 싶은 물품은 무엇인지 등을 여기 적을 수 있다. 함께 사용하는 공간을 더 잘 구성하기 위한 소통의 통로가 될 것이다.

## 발걸음을 옮기면 그것이 길이 된다

집 주변을 산책하다가 산책길 옆에 나 있는 작은 길을 보고 문득 대학 시절 교양으로 들었던 도시공학 수업의 한 장면이 떠올랐다.

미국의 한 대학에서, 캠퍼스 안에서 사람들이 다니는 길을 어떻게 효율적으로 디자인할 것인지 고민하다가 한 가지 실험을 했습니다. 공학적 이론을 바탕으로 흙과 잔디를 없애고 아스팔트를 깔아서 길을 만들 수도 있었지만, 최적의 동선을 찾기 위해 학생들을 관찰한 거죠. 학생들은 건물과 건물을 빠르고 편하게 오갈 수 있는 길로 다녔고, 발걸음이 많이 닿는 곳마다 잔디가 사라지면서 자연스럽게 길이 생겼습니다. 최적의 동선을 찾은 거죠. 학생들이 모여 있는 학교나 기숙사에는 그들을 위한 그들만의 길, 즉 '개구멍'이 반드시 존재하는 것처럼 말이죠.

이번 연구는 도시의 도로처럼 곧고 화려하지는 않다. 좁고 구불구불한 오솔길이었대도 좋다. 길은 사람들이 다닐 때 비로소 진정한 길이 된다. 이런저런 고민 속에서 연구를 시작했고, 이 연구를 통해 우리를 위한 공간을 만들고자 시도했다. 아직도 쑥스러운 마음이지만, 소중한 첫걸음을 내디딘 실천이었다고 소회를 밝힌다. 학생들이 많이 놀고 웃을 수 있는, 즐겁고 행복한 학교를 만들기 위한 작은 실천이었기를 바란다.

# 9
# 365일 찾아가고 싶은 트랜스포머 음악실

김형국

**김형국**

2010년부터 학생들과 음악을 통한 교감을 나누고 있으며, 현재 서울사대부중에서 학생들에게 음악을 통한 삶의 행복을 전달하고 있다. 학교마다 너무나 다른 모습을 지닌 음악실이라는 공간이 추구해야 할 보편적이고 이상적인 모습이 있을 것이라는 믿음으로 연구에 참여했다.

# 365일 찾아가고 싶은 트랜스포머 음악실

음악 교사로 일한 지 어느덧 11년째, 그동안 나의 학교생활을 뒤돌아보면 그래도 음악이라는 행복의 씨앗을 학교 교육 현장에 의미 있게 뿌리고자 고단하게 노력해 오지 않았나 하는 근거 없는 자신감이 들기도 한다. 그런데 과연 나는 정말 학생들에게 평생 기억에 남을 음악 교사로 잘하고 있을까?

음악 교과에는 수업을 비롯하여 비교과 활동까지 다른 교과에 비해 수없이 많은 형태의 활동이 존재한다. 일단 교과 수업만 해도 전통적 음악 교육의 관점에서 중요한 4가지 영역인 '가창, 기악, 감상, 창작'을 가르쳐야 하는데, 각 영역을 어떻게 골고루 가르칠지 항상 고민이다. 또 수업 형태에 따라서는 기본적인 강의식 수업을 비롯해, 실기 지도를 위한 개별 실습 지도, 합창이나 중주·합주를 위한 조별 프로젝트까지 역시 고단한 순간의 연속이다. 교구에 따라서는 피아노와 기타처럼 의자에 앉아서 하는 수업이나 가야금이나 장구처럼 바닥에 앉아야 하는 수업, 뮤지컬이나 노래처럼 일어서서 진행하는 수업까지……. 돌이켜 보면 수업 영역과 형태, 그리고 교구까지 다양한 조합에 따라서 공간의 활용이 너무나 많이 달라짐을 새삼스레 느끼게 된다.

비교과 활동에서도 이러한 상황은 마찬가지다. 합창대회나 등굣길 연주, 음악 경연대회와 같은 교내의 음악 행사, 그리고 창제동아리나 자율동아리로 진행한 밴드반, 오케스트라반, 합창반……. 음악이라는 이름 아래 '다양한 조합과 인원의 구성'이 음악실이라는 '정해진 공간' 안에서 활동하고 있다.

이렇게 수많은 활동을 진행해 오며 과연 나는 음악실이라는 공간을 각 활동에 알맞게 활용해 왔을까? 기본적으로 내가 환경에 잘 적응하고 순응하는 성격의 사람이라 그런지 정해진 구조에서 생각이 많이 벗어나지 못하는 편이다. 공간이 제한적이라고 판단하면 내가 진행하는 수업이나 활동도 그 공간의 제약에서 벗어나지 못하고 틀 안에 갇혀버리지 않았나 반성한다.

## 음악 활동에서 무엇이 가장 중요할까?

학생들의 활동 참여와 역량 성장은 교사의 지도와 함께 학습 활동이나 교구의 배치, 공간의 상황 등에 따라 좌우된다. 그런데 공간의 활용 혹은 재배치는 전통적인 음악 교육에서 주목받는 영역이 아니었다. 그렇기에 이번 연구를 통해 그것이 어떤 변화를 가져올 수 있을지 기대되었다. 내가 조금 더 노력하면 학생들의 인생도 달라질 수 있다는 마음으로 탐구를 시작했다.

현재 음악과 교육과정은 '표현, 감상, 생활화' 라는 세 가지 영역을 아우른다. 그렇다면 수업 시간에 이 영역들은 얼마나 골고루 교육될까? 전인교육을 꿈꾸는 나로서는 음악 교육이라는 바구니 속에서 학생들이 이 열매들을 골고루 섭취하게 하는 것, 그것이 수업을 계획하는 데 가장 중요한 화두이다.

음악 교과에서는 특히 교사의 목표 의식과 수업 역량, 교육철학에 의해서 학생들이 경험하는 수업의 질적·양적 수준과 방향성이 천지 차이다. 심지어 같은 영역에서도 어떤 세부 영역을 고르냐에 따라서 차이가 생긴다. 예를 들어 악기 연주에서 교과서에 나오는 기악 영역(리코더, 단소, 피아노, 기타 등)을 모두 가르칠 수 없기에 한두 가지 악기만을 선택하게 된다.

교사의 마음가짐에 따라 비교과 영역의 활동까지 달라지므로 학생들의 음악적 경험은 다를 수밖에 없다. 과연 어떤 음악 활동을 추구해야 할까? 혼자만 고민하던 문제였는데, 이번 실천연구를 통해 다른 교사들과 머리를 맞댈 수 있었다.

#### (1) 교사로서 내가 원하는 음악 교육

음악 교사로서 나는 학생들이 교육과정에서 중요하다고 제시하는 음악적 경험을 반드시 겪어보기를 바란다. 연주와 감상을 기본으로 하는 음악의 심미적 경험은 학생들이 학교를 졸업하고 나서도 음악의 즐거움을 느끼며 살아가는 데 큰 도움을 준다고 생각하기 때문이다.

그러므로 이런 심미적인 경험이 최대한 몸에 밸 수 있도록 실기 교육을 강조하고 있으며, 시대 정서나 문화적 배경을 바탕으로 감상의 눈높

2015 교육과정과 소요 공간 연계점 (음악과)[1]

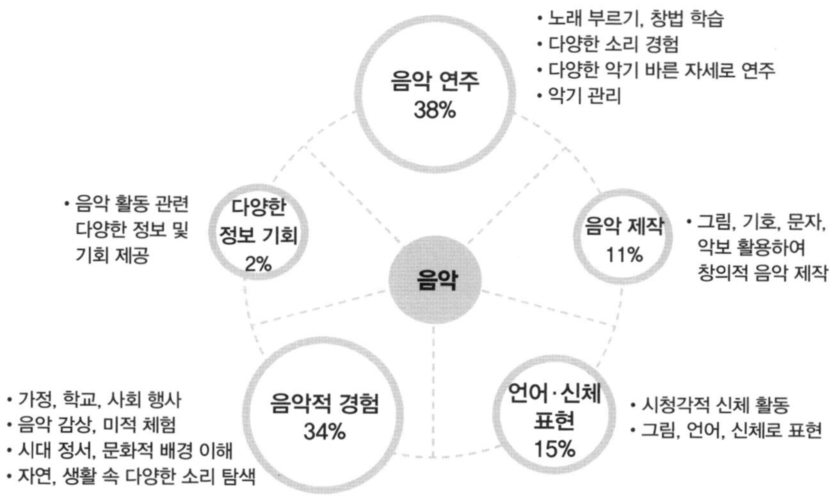


이를 높여주려고 한다.

음악 교사에게는 언제나 큰 고민이 있는데, 바로 음악과 관련된 각종 행사와 창의체험 활동이다. 그리고 자유학기제와 협력종합예술 활동까지, 아무리 '내 업무가 아니다.'라고 주문을 외우며 관심을 가지지 않으려고 해도 어느샌가 무거워지는 어깨와 책임감, 자꾸만 도움을 주러 업무 담당자에게 찾아가는 발걸음, 어느 순간 자연스럽게 음악과 연계가 되어버리는 활동들을 그냥 지나칠 수가 없어 동참하게 된다.

그럴 때마다 느꼈던 점이 바로 공간 문제였다. 강의식 수업을 기본으로 하는 학교의 기본 공간 구조와 달리 학교의 활동들은 날이 갈수록

1 이윤서(2018), 〈교육과정 변화에 따른 미래 학교 공간 조성 방향〉, 《2018 KEDI 교육시설 포럼(고교학점제 운영을 위한 학교 공간, 어떻게 조성할 것인가)》 4호, KEDI.

참여와 체험 위주로 바뀌고 있다. 그리고 그 형태와 참여하는 학생 수도 들쑥날쑥하니 도대체 어느 장단에 맞춰야 할까 고민이지만, 주어진 공간에서 최선을 다하는 학교 구성원들에게 그저 감사할 뿐이었다.

### (2) 학생들이 원하는 음악 교육

학생들은 언제나 내 수업이 즐거웠다고 말한다. 학생들의 본심도 확인하고, 또 학생들이 원하는 음악 수업이 어떤 것인지 수치로 표시하기 위해 설문을 진행했다.

음악실에서 학생들이 선호하는 활동은 피아노 연주(34%), 유튜브 노래방(28.3%), 음악 감상 및 이해(20.8%), 기타 연주(13.2%)의 순이었으며, 그 외 작곡 수업, 합창 수업 등을 원하는 학생도 있었다. 예상대로 학생들은 연주(기악, 성악) 활동을 가장 선호했다. 의외인 것은 감상 활동에 대한 선호도 꽤 큰 비율을 차지한다는 것이다.

## 음악실은 어떤 공간을 추구해야 할까?

앞에서 언급했듯이 공간은 삶을 지배한다. 어떠한 교육철학이 있더라도 내가 공간에 종속되면 내 교육 역시 공간에 지배당하고 마는 것이 현실이다. 나처럼 적응과 순응이 빠른 사람에게는 더욱 그러했다. 이런 부족한 내 모습을 반성하고자 다양한 모습의 음악실이 주어진다면 어떤 수업을 그려볼 수 있을까 상상해 보았다.

첫째, 다양한 수업이 가능한 음악실이다. 악기를 연주하는 합주실과 노래를 하는 합창실은 추구하는 공간의 모습이 상당히 다르다. 악기를 연주할 때는 한 사람의 반경을 더 넓게 배치해야 하고, 악기를 보관할 수납 공간과 오케스트라 구조에 맞는 공간 배치도 필요하다. 반면, 합창실은 높낮이 차가 있는 계단 형식으로 배치하는 것이 바람직하다. 그래야 학생의 입 모양을 확인할 수 있기 때문이다. 그리고 합주실처럼 굳이 부채꼴 형태가 아니어도 크게 문제가 없다. 어쨌든 음악실이라고 하면 연주실과 합창실 두 공간이 꼭 필요하다. 아울러 최근에는 음악 레코딩, 편집, 작사, 작곡 등을 경험할 수 있는 디지털 건반과 헤드셋 등의 디지털 기기를 활용하는 수업에 학생들이 큰 호기심과 관심을 보인다. 이러한 활동이 쉬운 구조의 책상을 갖춘 음악실을 추가로 마련하는 것도 좋은 방법이라고 생각한다.

둘째, 동아리 활동과 자치 행사로 북적이는 음악실이다. 현재 근무하고 있는 서울사대부중 음악실은 다른 중학교에 비해 뛰어난 공간이라고 생각한다. 다만 아쉬운 점은 체육관이나 시청각실 같은 큰 공간과 연계되지 않는다는 것이다. 한 학년 정도가 공연을 관람할 수 있는 다목적홀이 없어, 축제와 같이 대규모 인원이 공연을 관람하기 위해서는 체육관으로 악기를 옮겨야 한다. 현재 음악실은 신관 5층이고 체육관은 별관 2층이다. 큰 행사 때면 악기를 옮기는 일이 상당히 번거롭다. 음악실과 체육관이 연계된다면 학생들이 체육관에 오듯 음악실에 더욱 쉽게 접근하고, 댄스부나 밴드부를 비롯해서 더 많은 동아리에서 음악실을 함께 사용할 수 있을 것이다.

셋째, 언제나 학생들이 활동하는 음악실이다. 음악 교사로서 꿈이 있다. 음악실이 수업 외에도 도서관처럼 늘 개방되고, 학생들이 언제나 음악이라는 도구로 소통하고 즐기고 휴식하는 공간이 되는 것이다. 물

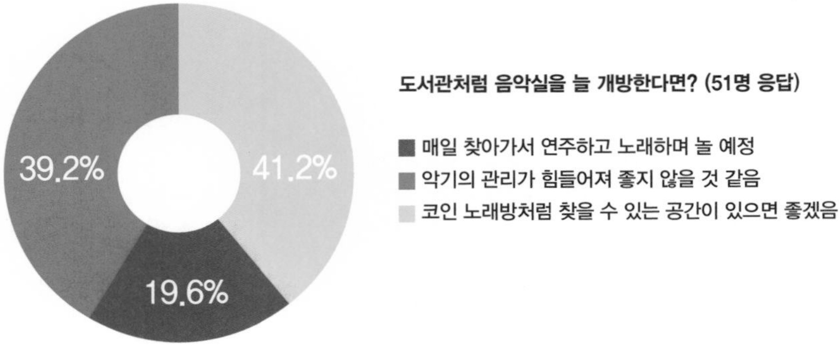


론 악기를 관리해야 하는 제약 때문에 엄두도 내지 못했다. 이번 연구를 기회로 학생들에게 음악실 개방에 대한 의견을 설문해 보았다.

학생들 역시 음악실 개방을 통한 심미적 경험을 많이 원하고 있었다. 학생들에게 도서관을 통해 독서 교육의 중요성을 말하고 체육관을 통해 신체 단련의 중요성을 강조하듯이, 음악실 공간이 앞으로의 삶에서 좋아하는 곡을 연주하고 감상하는 데 밑거름이 된다면 좋겠다. 그런 중에도 악기 관리의 어려움을 함께 고민해 준 학생들이 많아 고마웠다.

## 음악실 변화 프로젝트 무한 상상의 과정

지금까지 학생들과 내가 상상한 음악실의 모습은 학교를 신축 또는 증축·개축하지 않고서는 실현하기 힘들다. 그렇기에 '실천연구'인 이번 연구에서는 현재 상황에서 그나마 실현할 수 있는 것이 무엇일까 다시 상상해 보았다.

우선, 음악실에서 개별 및 그룹 지도가 가능하면 좋겠다. 음악 실기

현재의 음악 준비실(왼쪽)을 개인 연습실로 활용하는 상상도(오른쪽)

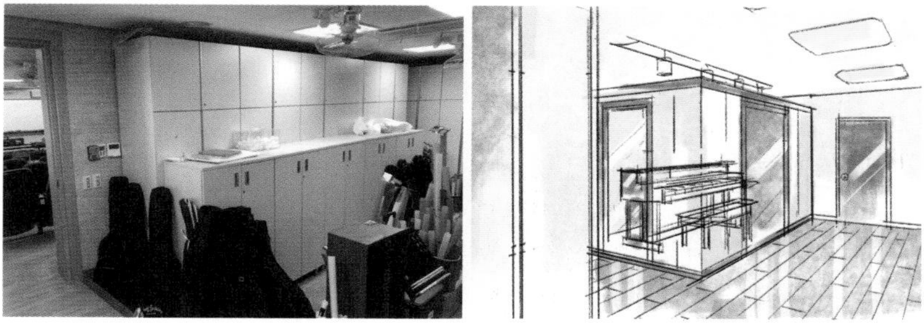

지도에서는 강의보다 개인 포인트 지도가 중요하다. 더불어 충분한 연습 기회를 제공해야 한다. 그렇게 하려면 개인 및 그룹 지도가 가능한 공간이 필요하다. 음악 수업에서는 교과서에 있는 모든 곡을 다 배우는 것보다 단 몇 곡이라도 충분한 연습을 통해 정확하게 배우는 것이 좋다. 이렇게 학생들이 연습을 통한 전문성을 경험해 보는 것이 추후 삶에서 음악의 심미성을 진정으로 즐길 수 있는 토대가 되리라 믿는다.

현재 음악 준비실 겸 악기 보관실로 사용하고 있는 공간을 개인 연습실 공간으로 활용하면 어떨까 상상해 보았다. 현재 비치된 악기장을 음악실로 옮기고, 이곳을 활용하여 음향이 분리된 전문적인 공간을 추가로 만드는 것이다. 물론 악기 보관에는 온도와 습도 관리 및 안전성이 중요한 문제이지만, 음악실에 악기를 보관하면 학생들의 시선과 관심이 악기를 향하게 되고 연주에 대한 호기심도 더욱 커지지 않을까 생각한다.

다음으로, 음악실에 음향 분리가 가능하면 좋겠다. 합창이나 합주를 할 때 음향이 겹쳐 수업 진행 및 연습에 어려움을 겪을 때가 많다. 이 문제를 어떻게 해결해야 할까?

음악실 현재 모습(왼쪽)과 음향을 분리한 상상도(오른쪽)

음향 분리를 위해 통유리 접이문을 교실 가운데에 설치하고, 앞뒤 공간을 분리했다. 상황에 따라 강의식 수업을 하거나 연주를 할 때 공간을 분리해서 활용할 수 있다. 한 공간에서 두 가지 종류의 모둠별 활동이 가능하고, 교사가 이를 쉽게 확인할 수 있다. 특히 앞 공간은 책상을 최소화하여 보다 창의적이고 자유로운 활동이 가능한 수업 공간을 상

음악실 앞 공간 활용 상상도

상해 보았다.

## 같은 공간 다른 시선

연구 과정에서 크게 배운 점이 있다. 공간을 어떻게 활용할 것인가를 고려할 때 공간의 '역사성'에 대해서 간과해서는 안 된다는 점이다. 학교마다 전통에 따라서 진행해 왔던 특별한 음악 행사라든가 동아리가 존재할 텐데, 공간혁신에 앞서 그런 '역사'에 대한 고려가 필요하다는 의미다. 현재 내 고민을 투영하여 개선할 방법을 찾는 것도 중요하지만, 현재의 필요만 앞세우다 보면 전통을 망가뜨리는 잘못을 범할 수 있다.

이런 부분은 이 실천연구에 함께 참여한 전태상 선생님의 조언이 큰 도움이 되었다. 전태상 선생님께서는 본교에 근무하다 서울사대부여중으로 옮기셨는데, 본교에 근무하는 동안 현재의 음악실을 구성한 주역이다. 덕분에 현재의 음악실 구성에 대해 자세하게 알게 되었다. 쉽고 편리하면서도 다양한 공간 변형을 통해 여러 가지 형태의 수업 모형을 실천한 사례를 확인할 수 있었고, 많은 예산을 투입하는 공간 재구조화만이 정답이 아니라는 것을 깨달았다. 책걸상의 재배치와 같은 단순한 작업이지만 그 아이디어만으로도 수많은 수업 모형을 실천한 사례에서 큰 영감을 얻었다.

다만, 개별화 지도나 모둠학습을 할 때 음향 분리에 대한 고민은 여전히 남아 있고, 어떤 수업을 추구하느냐에 따라서 공간의 활용도 및 지향성이 달라질 수 있다는 점도 여전히 유효하다. 그렇기에 전통에 대한 고려와 더불어, 나만의 연구도 필요하다 하겠다.

공간을 혁신하는 데서 그치지 않고, 어떤 의도에서 공간을 그렇게 구축했는지 기록으로 남긴다면 과거와 현재와 미래를 두루 아우르는 공간혁신이 되지 않을까. 그런 의미에서 이번 실천연구가 무척 의미 있게 다가왔다.

## 내가 바라는, 우리가 바라는 음악실

이번 연구를 통해서 공간의 거창한 변화보다는 작은 실천이 현재의 내가 시도할 수 있는 과제임을 깨달았다. 제한된 연구 기간으로 인해 직접적인 변화를 가져오지 못해서 아쉬웠지만, 학습과 고민의 과정을 거쳐 변화를 향해 나아가는 길은 나 자신에게 큰 발전이었으며 다른 교사들과 함께 나누고 싶은 소중한 순간이었다.

완벽하게 내 마음에 드는 특별실을 갖는 일은 현실적으로 불가능하다. 예술계 중·고등학교처럼 좋은 환경을 가질 수는 없으니, 무언가 마음에 들지 않는 부분이 존재할 수밖에 없을 것이다. 또한 학교 공간은 '내 공간'이 아닌 '우리 공간'이어야 한다고 조언해 주신 동료 선생님의 의견처럼, 내 마음에 쏙 드는 공간이 모두에게 최선인 것도 아니다.

그렇다고 해도 결국은 교육과정 재구조화를 담당하는 교사에게 알맞은 수업 공간으로 변모할 수 있어야 한다는 원칙은 지켜져야 한다. 그것은 엄청난 공사비가 있어야 하는 하드웨어적인 변화가 아니라, 현재의 구성원들과 시대의 요구사항을 반영하여 상시로 일어나는 공간혁신이라야 한다. 교육과정과 학교 공간은 하나의 유기체로 살아 움직여야 하기 때문이다. 그리고 이런 교육과정과 학교 공간 재배치에 관한 연구의 최종적인 목적은 결국 학생들의 성장이며, 그를 위해 필요한 개별화 지도 및 다양한 경험과 배움의 기회를 제공할 수 있어야 한다.

# 10
# 다양한 관점으로 만들어본 우리 공간

전태상

**전태상**

리라아트고등학교에서 교직을 시작하여 2015년 서울사대부중을 거쳐 2020년부터 서울사대부여중에서 음악 과목을 가르치고 있다. 현재 새로운 기반의 미래형 음악 교육에 관심을 가지고 여러 연구에 참여하며 교육 역량을 넓혀가고 있다.

# 다양한 관점으로 만들어본 우리 공간

서울대학교 부설학교에서는 몇 년 전부터 학교 건물을 개축 또는 신축하는 공사가 꾸준히 이루어지고 있다. 그 과정에서 과거에 있던 공간이 사라지기도 하고 새로운 공간이 만들어지기도 한다. 새롭게 만들어진 공간은 이전의 공간보다는 대체로 사용하기 편리하고 깨끗한 모양새를 갖추고 있다.

그런데 가끔 이전의 공간이 떠오르는 이유는 학생들과 함께한 시간이 '추억'이란 이름으로 자리하고 있기 때문이다. 공간은 단순히 구조화되어 있는 부동산이 아니라 그 안에서 많은 이야기를 만들어낼 수 있는 곳이다. 특히 학교는 해마다 학생이 달라지기 때문에 더 많은 이야기를 담아낼 수 있는 공간이다.

혹시 어릴 때 살던 동네나 집, 다녔던 학교에 방문해 본 적이 있는가? 그곳에서 우리는 공간의 구조, 조명, 배치된 가구, 분위기, 냄새 등 복잡한 환경적인 요인에 따라 그곳에서 했던 활동, 나누었던 이야기,

감정까지도 떠올리고 느끼게 된다. 현재의 시점에서 생각해 보면 공간을 어떻게 구성하느냐에 따라 활동의 내용, 이야기의 주제, 분위기나 감정 등이 결정될 수 있다.

내가 학생들과 시간을 가장 많이 보내는 공간은 음악실이다. 현재 본교에서는 예체능관을 신축하는 공사가 한창 진행 중이고, 그곳에 있던 예술·체육 교과군의 교실들이 옹색하게 본관에 자리하고 있다. 지금 사용하고 있는 음악실, 그리고 예체능관에 만들어질 음악실에는 어떤 이야기를 담을 수 있을까?

## 같은 공간, 다른 시각

아래 그림을 본 적이 있을 것이다. 이 그림들은 어떻게 바라보느냐에 따라 전혀 다른 모습으로 보인다.

나는 처음에 왼쪽 그림은 젊은 여인, 오른쪽 그림은 화병으로 보았다. 그런데 전혀 다르게 보는 사람도 있다. 왼쪽 그림은 노파, 오른쪽 그림은 마주한 사람의 얼굴로 보이기도 한다. 공간에 대한 관점도 이 그림을 바라보는 시각과 비슷하다. 오히려 훨씬 더 다양한 관점과 시각에서 공간을 바라볼 수 있을 것이다.

### 상황과 시각에 따라 다양하게 활용 가능한 음악실

아래는 작년까지 근무했던 서울사대부중의 음악실이다.

음악실1

음악실2

두 음악실 모두 전체 구조가 계단식으로 되어 있는데, 책상과 의자가 있는 부분의 배치를 다양하게 바꾸어 여러 가지 음악 활동과 수업을 할 수 있다. 사실 책상과 의자에 앉아서 하는 음악 수업은 음악실이 아닌 다른 교실에서도 할 수 있다. 그런데 음악 수업은 실기 활동이 많은 교과이기 때문에 책상과 의자가 없이도 수업을 할 수 있다. 책상을 접히는 것으로 구매했는데, 책상을 접어서 복도에 둔다면 159쪽 사진에서 보듯이 활용도가 훨씬 높아진다.

그런데 이 공간은 계단식으로 만들어져 있기에 음악 수업만을 위한 공간이 아니라 소규모 공연장으로도 활용할 수 있다. 음악실 앞쪽을 무

책상과 의자가 없는 수업 (음악실1)

책상과 의자가 없는 수업 (음악실2)

축제 중 관현악반 발표회 (음악실1)

대 공간으로 활용하여 자유학기제 예술 선택 프로그램, 축제, 협력종합 예술 발표회 등을 진행했다.

음악실2는 무대와 객석을 바꿔서도 활용할 수 있다. 대열을 만들어서 하는 공연은 객석을 무대 단으로 활용한 것이다. 무대 위에 선 학생들의 얼굴이 다 보인다는 것이 가장 큰 장점이다. 학생들은 교실에서

자유학기제 예술 선택 프로그램 발표회 (음악실2)

협력종합예술 뮤지컬 발표회 (음악실2)

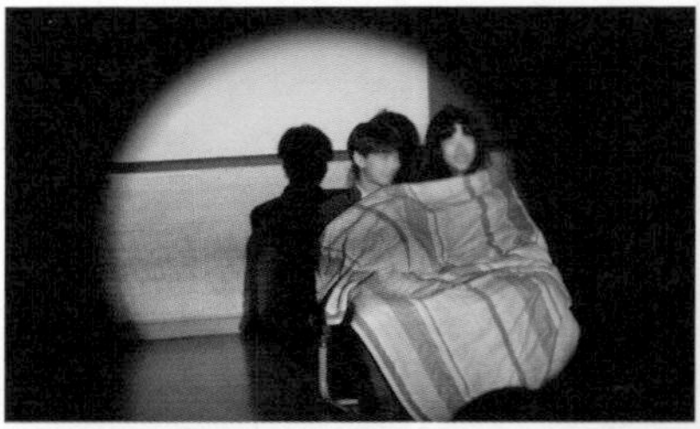

'음악실2'의 바뀐 무대와 객석

공연을 볼 수 있도록 중앙에서 방송으로 전송했다. 온오프 블렌디드 발표회장이 되는 것이다.

정해진 공간도 상황에 따라 생각을 전환하고 시각을 바꾸니 여러 방법으로 활용할 수 있었다. 공간은 어떻게 만들어지고 사용하는 사람이 누구인가에 따라 많은 변화가 있을 수 있다. 그럼 지금 사용하고 있는 음악실은 어떤 이야기를 품고 있을까?

## 공간 재구조화로 숨통 트이는 음악실 만들기

서울사대부여중으로 발령을 받고 왔을 때 본관에 음악실이 두 개였다. 교실과 같은 크기에 뒤쪽에는 여러 악기를 담을 수 있는 붙박이장, 앞

음악1실

음악2실

음악실 앞 피아노 및 기자재

음악실 뒤 붙박이장

파티션으로 구분하여 악기 보관

복도 쪽 창문이 없는 벽

쪽에는 피아노와 컴퓨터 시설이 갖추어져 있었다.

그런데 악기를 담을 수 있는 붙박이장이 부족하여 음악실 구석을 파티션으로 가리고 악기를 보관했다. 또 방음벽으로 바깥쪽 창문을 막았고, 출입문도 바깥이 보이지 않는 방음문이었다. 복도 쪽으로도 창문이 없었다.

### (1) 어둡고 답답한 음악실

음악실을 본 첫 느낌은 어둡고 컴컴하고 답답하다는 것이었다. 이때도 나는 '관점'을 생각했다. 방음이라는 관점에서 보면 당연한 시공이었다고 이해하지만, 이 공간에서 학생들과 수업을 해야 하는 내 관점에서는 만족스럽지 않았다.

사실 대부분 학교에서는 실기 활동이 많은 음악 교과의 특성을 반영하여 교실 한 칸 반 또는 두 칸 정도 크기의 음악실을 배정한다. 그런데 현재 본교 상황에서는 음악실을 두 개 마련해 준 것이 최선이었던 것 같다. 작년에는 코로나19의 장기화로 교실에서만 수업해서 음악실에 대해 생각할 겨를이 없었다. 그런데 코로나19 백신이 공급되고 작년보다는 상황이 나아져서 음악실에서 수업을 할 수 있게 되었다. 음악실을 처음 보면서 느꼈던 점들이 점점 더 두드러지게 와닿았다.

### (2) 같은 공간 다른 느낌, 학생들의 이야기

학생들도 음악실에 대해 비슷하게 생각하고 있었다. 이 공간을 밝고 따뜻하게, 학생들이 좋아하는 공간으로 바꿀 수 없을까 고민했다. 학생들과도 많은 대화를 나누었는데, 학생들 의견은 이러했다.

- 정리가 잘 된 공간이었으면 좋겠다.
- 공간이 더 넓었으면 좋겠다.
- 밝고 환기가 되었으면 좋겠다.

그래서 음악실의 공간 변화 방향성을 '창문 쪽의 방음벽을 허물고 원래 있었던 창 살리기', '음악실 재구조화를 통해 공간 최대화하기' 두 가지로 설정했다.

학교 공간은 혼자만 사용하는 곳이 아니라 많은 협의가 필요하다. 여러 번의 협의 후 창문 쪽의 방음벽을 허물고 원래 창을 살리기로 했다. 방음보다는 분위기와 환기 등이 앞으로 이 공간을 활용하는 데 더 중요하다고 합의가 되었기 때문이다. 방음벽을 떼어내니 햇살이 들어와 교실이 밝아졌다. 환기도 가능해서 맑은 공기가 교실로 들어왔다.

또한 정리되지 않은 음악실을 좀 더 깔끔하게 정리했으면 좋겠다는 학생들의 의견을 반영하여 학생들이 쾌적한 환경에서 수업을 들을 수 있도록 최대한 정리했다.

새롭게 정리된 음악1실

새롭게 정리된 음악2실

### (3) 현재 공간을 최대한 활용하는 음악실

새롭게 정비한 음악실에 책상을 모두 복도로 빼내고 의자와 보면대만 설치해 악기 수업을 하고 있다. 코로나19로 음악 활동 수업을 제대로 하지 못했던 학생들의 의견을 반영하여 실기 위주의 수업을 구상한 것이다.

재구조화된 음악1실

복도로 빼낸 책상

그리고 의자와 책상을 부드러운 재질로 교체했다. 물품을 최대한 정리하고 학생들의 책상은 복도로 옮겼다. 수업 시간에 자주 쓰는 악기를 악기장 바깥에 배치하여 연주하는 공간이라는 인식이 생길 수 있도록 했다.

## 우리가 만든 공간에서 성장하는 한결이

음악실이 바뀌니 학생들의 호감도가 높아졌다. 점심시간에는 1학년 학생들이 협력종합예술 연극 촬영을 위해 자율적으로 활용 중이다. 잘 정돈되고 따뜻한 공간이 된 음악실에서는 늘 학생들의 말소리와 웃음소리가 들리고, 관리도 잘 되고 있다.

기타 배치

붐웨커 배치

음악1실 수업 시간

음악실 협력종합예술 활동 녹음

서울사대부여중에서는 학생들을 대표하는 이름으로 '한결이'라는 명칭을 사용한다. '한결같이'라는 의미를 담고 있는데, 처음부터 끝까지 변함없다는 의미도 있지만 여럿이 모두 하나가 된다는 뜻도 있다. 학생들과 함께 음악실을 새롭게 변화시키면서 나도 한결이가 된 기분이었다. 학생과 함께 성장하는 뿌듯함이란 이런 것이 아닐까?

얼마 전 예체능관 재건축 기초공사가 끝나 탐방을 했다. 틀만 잡혀 있는 공간이었지만 개인 연습실, 테라스, 콘서트홀까지 포함된 예체능관에서는 또 어떤 음악 수업, 음악 활동을 할 수 있을지 기대된다. 곧 사용하게 될 예체능관 음악실은 한결이들의 의견을 반영하여 배움이 있는 공간을 함께 만들어갈 것을 기대해 본다.

# 11
# 책 읽기를 돕는 수업 공간

서미선

**서미선**

1988년에 교직을 시작해서 부설학교를 들락날락했다. 책 읽기가 아이들을 위협하지 않는 세상에서 책으로 잘 차린 밥상을 내놓고 싶은 국어 교사이다. 같은 책을 읽고 눈빛을 나누는 일이 쉽지 않아 고전하고 있지만, 책의 힘을 믿는 사람이다.

# 책 읽기를 돕는 수업 공간

2021년 2학기, 2학년 '독서' 수업을 맡았다. 고3에 개설되어 입시 부담에 허덕이던 '독서'를 명실상부하게 가르칠 수 있게 된 것이다. 함께 읽을 독서 지문을 선정하고 워크북을 만드는 일과 별도로 '책 읽기 프로젝트'를 구상했다. 두 권의 책, 스스로 한 권, 함께 또 한 권. 수업 목표는 세웠는데 문제는 공간이었다.

책이 있는 공간으로 찾아가야 할까? 학교도서관을 활용한 독서 수업에 첫 번째 점을 찍었다. 코로나19로 원격수업을 하며 온라인 수업 공간에서 배운 것도 있으니, 책 읽기를 중심에 놓되 온라인 수업 도구를 적극적으로 활용하기로 했다. 두 번째 점이었다. 내가 배정받은 국어분석실은 일반 교실의 1.5배 크기였다. 수업은 주로 이곳에서 하니, 이곳이 세 번째 점이었다. 이런 형태의 수업을 블렌디드 수업이라 하니, 이 글은 공간에 방점을 찍은 수업 사례이다.

## 책 읽기를 가르칠 수 있을까?

책 읽기는 가르칠 수 있는 것일까? 특히 영상이 글을 삼킬 것 같은 시대의 책 읽기는 어떤 길을 찾아야 할까? 영상 세대라서 책을 안 읽는다는 개탄은 조심스럽게 사용해야 한다. 디지털 세대가 문자 기반의 어휘력과 문해력이 떨어진다고 해서 삶의 지식에서 소외되는 것은 아니기 때문이다.[1]

책 읽기 교육을 '독서' 수업에서 하자고 목표를 세웠다. 한 권의 책을 선정하고 그 책과 다양하게 혹은 오롯하게 만나는 과정을 경험하게 하려면 어떤 밥상을 차려줘야 할까? 아이들은 내가 차린 밥상을 좋아할까? 밥상에 앉히기까지 아이들의 상태가 너무 다른 것이 아닐까? 가장 고민이 되는 것은 읽기 능력의 격차였다.

수업을 고민하며 수업 일반에 대해 학생들이 바라는 점을 찾아보았다.[2] 실제적이고 쓸모 있는 것을 배우고 싶다, 학생들이 선택하고 학생들이 중심이 되는 수업이 좋다, 정보 전달은 우리가 알아서 하니 삶의 멘토가 되어 달라, 무엇보다도 재미있는 수업을 원한다고 했다. 교육 격차를 줄이는 데 필요한 전략으로 개별 학생에 대한 피드백, 배우는 법 배우기, 또래 강의, 협력학습을 들었다. 내 수업에서는 책 읽기가 실제로 쓸모 있게 도움이 되어야 한다는 것, 개별적으로 피드백을 하되 함께 읽기의 장점을 살려야겠다는 생각도 했다.

1 박유신(2021), 〈당신을 위한 문해력〉(조무원 외, 《권위》, 민음사).

2 김희삼(2021), 〈전환시대의 교육 방향〉, 2021 중등 교직단계 20년 중견교사 직무연수, 서울특별시교육청.

## 책 읽기 프로젝트의 얼개

주 4시간 중 1시간은 책 읽기에 할애하고, 그 시간에 학교도서관에서 수업하기로 계획했다. 개인별로 고른 한 권의 책을 읽어나가는 게 한 축이고, 또 한 권은 '기후 위기'를 주제로 한 도서로서 교사가 고른 책을 모둠에서 함께 읽는 게 한 축이었다.

책 읽기 프로젝트의 얼개

| | |
|---|---|
| 개별 독서 | 진로와 관심사에 따른 책 선정 ⇒ (도서 준비 확인) ⇒ 함께 쓰는 독서일지 ⇒ 구술평가 피드백 ⇒ 서평 쓰기 |
| 모둠 독서 | '기후 변화' 주제 도서로 모둠 편성 ⇒ (도서 준비 확인) ⇒ 함께 책을 읽는 시간 ⇒ 모둠별 발표와 제안 |

### (1) 주제 정하기

모둠으로 함께 읽는 책 읽기의 주제를 '기후 위기, 함께 읽고 실천하기'로 잡았다. 함께 책을 읽는다는 것은 공통의 문제의식을 바탕으로 주제 하나를 잡을 때 힘을 받는다. 절박하게 우리들의 문제일 것! 2021년 8월 IPCC 6차 보고서가 긴박하게 발표되었고, 매체에서는 '기후 위기, 기후 변화, 기후 재앙'에 관한 보도가 쏟아졌다. 긴 호흡으로 주제 관련 책을 읽고 함께 이야기를 나누고 싶었다.

주제가 정해졌고, 관련 책을 정하고, 아이들에게 소개할 내용을 준비했다. 함께 읽기의 수업 목표는 책을 읽고 나서 내가 달라지는 것, '우리의 주장, 우리의 실천'을 발표하는 것이다. 또래와 함께 책을 읽은 경험이 책 읽기 능력을 길러주기를 바랐다. 책을 깊이 있게 잘 읽는 것도 중요하지만, 책 읽기가 생각보다 재미있다는 것을 알고 나중에라도 읽고 싶게 만드는 것도 중요하다.

이 수업을 위해 필요한 공간으로 처음에는 당연히 학교도서관을 생각했다. 책이 잘 갖춰진 학교도서관에서 하는 독서 수업은 학생들이 원하는 바였다. 그런데 '책 읽기 프로젝트'가 잘되려면 학생들이 각자의 책을 구해서 들고 다녀야 했고, 그렇게 책을 구하고 나자 굳이 도서관에 내려가지 않아도 되었다. 국어분석실에서 책을 읽는다면 학교도서관과 차별화하고 전략화할 지점을 탐색해야 했다.

### (2) 교실이 없는 시대가 온다는데, 어떤 공간에서

2020년에 시작한 원격수업은 새로운 도전이었다. 열심히 만들어도 듣지 않으면 아무 소용이 없다는 최악의 평가에서부터, 아이들과 소통하는 또 다른 채널이라는 발견까지 다양한 감정을 겪었다. 나는 후자에 주목한다. 구글 클래스룸에 차시별로 올린 수업 자료는 또 다른 수업 공간이었다. 표준화한 교실 수업에서는 시도하기 힘들었던 비공개 댓글로 의견을 나눴고, 또래 친구에게 대놓고 칭찬할 수 있는 도구도 있었다. 내게 수업을 듣는 학생들이 각자의 방식과 다른 속도로 학습한다는 것만 명심한다면, 온라인 수업 공간은 소중했다. '책 읽기 프로젝트'를 구상하면서 온라인 수업 공간을 중요하게 고려했다.

개인별 책 읽기를 포함하여, 모둠별로 주제별 책 읽기를 할 때 수업 공간에 무엇이 필요한지 목록을 적어보았다. 공동의 책을 선정할 때는 다양한 책을 찾아볼 수 있는 학교도서관에서 시작하는 것이 좋지만, 각자 책을 구한 이후에는 모둠원끼리 책에 관해 이야기를 나눌 수 있게 모둠별로 앉는 게 좋다. 코로나19로 인해 모둠수업이 조심스러웠지만,

국어분석실은 일반 교실보다 1.5배 크기라 널찍하게 모둠활동을 할 수 있었다.

책을 들고 모이되, 효율적인 논의를 위해서 생각에 불을 지필 도구가 필요했다. 도구의 확장이 새로운 공간을 창출하도록 이끌어야 했다. 아이들은 공동구매로 책을 마련했으며, 자료를 검색하는 과정에서 휴대전화로 검색하고, 함께 읽을 방안을 논의했다. 모둠으로 모여 책을 함께 읽는 과정을 수업 공간에서 확인하려면? 한눈에 진행 상황을 알 수 있도록 교실 벽에 전지 형태의 포스트잇을 붙여 논의 과정을 적기로 했다.

모둠 책 읽기에 온라인 공간이 한몫했다. 구글 클래스룸 게시판을 통해 차시별 진행 상황을 확인하거나 의견을 수렴했고, 반별 패들렛을 만들고 이곳을 전초기지로 삼아 논의 사항이나 발표 자료를 올리며 공간을 확장했다. 기후 위기와 관련하여 다양한 책을 함께 읽고 발표하는 과정에서 국어분석실은 도서관의 역할을 해야 했다. 다른 모둠이 발표한 책을 읽고 싶어 하는 아이들이 생겼고, 책을 나눌 수 있는 공간을 교실 한쪽에 마련했다.

## 시작은 학교도서관에서, 수업은 국어분석실에서

### (1) 학교도서관에서 책 고르기

각자 읽을 책을 고르는 첫 번째 시간은 도서관에서 시작했다. 개인별 도서를 고르는 과정에서 도서관이라는 공간은 유용했다. 진로나 관심사를 중심으로 각자 책을 골라와서 지도교사와 대화를 통해 책을 확정하는 과정에서 나는 잘 차린 밥상을 들고 갔다. 내가 직접 읽고 갈무리해 둔 책들과 반응이 좋았던 책을 30여 권 추렸고, 책을 소개한 후에는 도서관 책상 위에 깔아두었다. 절반 정도는 내가 권한 책을 골랐으니, 책 읽기 과정을 지도할 때도 길잡이 역할을 할 수 있어 좋았다. 나머지는 사서교사의 추천이나 평소 관심사와 진로 분야를 고려해서 책을 선택했다. 교사와의 면담으로 책을 확정하고 패들렛에 선정 이유와 함께 표지를 올리게 하자, 각양각색의 책이 올라왔다. 또래 친구들은 어떤 책을 왜 골랐는지 온라인 공간에서나마 공유하는 것도 책 읽기의 지평을 넓히는 일이다.

모둠 도서를 결정하고 모둠을 구성하는 수업은 국어분석실에서 했다. 책을 고를 때는 도서관이 유용하지만, 숙고 끝에 결정한 책을 안내하는 수업에서는 도서관의 책들이 주의를 분산시킨다. 책을 권하기에 앞서 '기후 위기'를 주제로 선정하게 된 까닭을 호소력 있게 전해야 했기에, 교사가 지도력을 발휘할 공간이어야 했다. 반별로 주제 관련 도서 8권을 섹션으로 하는 패들렛을 만들고, 섹션 아래 책 표지와 저자 정보, 마인드맵 형태의 이미지 자료를 올렸다. 읽고 싶은 책 아래로 모여 모둠을 구성하되 2~4명으로 제한했다.

국어분석실에서 책 읽기 수업을 할 때 학교도서관과 어떻게 협력하고 차별화할 것인지는 중요하다. 학교도서관에서는 2학년 독서 수업의 주제들을 관련 키워드로 큐레이션했으며, 도서를 선정하는 과정에서 사서교사가 적극적으로 추천하는 등 도움을 주었다. 도서관에 있던 북트럭을 빌려 책을 추천해 보니, 국어분석실에도 그게 필요하다고 느꼈다. 주제별 도서나 교사가 권하는 도서 등 작은 도서실 역할을 북 트럭이 할 수 있었다.

### (2) 아이들 의견 듣기

국어분석실에 대해 자체 진단을 해보았다. 이곳은 일반 교실보다 1.5배나 크지만 2인용 책상이 공간을 차지하고 있다. 코로나19로 인해 2인 책상을 혼자 써야 해서 2인 책상 사이에 다시 1인용 책상을 두 줄 놓게 되어 다니기에 불편했다. '기후 위기'에 관한 책을 함께 읽으면서 달라진 게 있었으니, 조금 불편하다고 해서 책상을 바꾸는 것은 지구에 미안했다. 모둠토의를 할 때 배치를 바꾸기로 하고, 현재 책상을 살려서 써야 한다는 생각이 들었다.

또한 뒤편 낮은 서가에 양질의 책이 꽂혀 있으나 그 책을 활용한 수업을 하지 않아 활용도가 낮았다. 한 학기 한 권 읽기 책을 보관하는 책장도 자리를 차지하고 있어, 상대적으로 넓은 교실 뒤편이 특별한 용도 없이 방치되어 있었다.

공간에 대한 고민을 혼자서만 하다가 뒤늦게 학생들의 의견을 물었다. 3개 반(수강생 87명)에서 56명이 의견을 개진했다. 처음에는 북 트럭과 소통 게시판 등 소극적인 공간혁신을 생각하고 있었다. 짧은 연구 기간과 한정된 예산, 코로나19로 인한 제약 요소가 걸림돌이 되었기 때문이다. 하지만 학생들은 그에 아랑곳하지 않고 거침없이 의견을 주었다.

- 국어분석실의 특별한 점이 있다면?

  압도적으로 넓고 깨끗하다, 트여 있다, 책상이 독특하다, 쾌적하고 단순하다, 책이 많다.

- 국어분석실에서 고쳐야 할 공간이 있다면?

  교실 뒤쪽의 남는 공간, 책상이 길어서 불편하다, 넓지만 책상밖에 없다, 아늑한 공간이 필요하다.

- 개인별 책 읽기를 할 때 국어분석실 공간을 어떻게 바꿀까?

  교실 뒤편에 미니 소파와 창문을 향하는 안락의자, 조명, 음악 등

- 모둠별 책 읽기를 할 때 국어분석실 공간을 어떻게 바꿀까?

  교실 뒤편에 원형 테이블, 발표할 수 있는 공간, 각 모둠의 책을 볼 수 있는 책 전시 공간, 단조롭지 않은 벽, 소통할 수 있는 화이트보드, 색색 마커펜, 소파 등

이번 학기에 마련할 수 있는 것과 긴 호흡으로 수용할 수 있는 것으로 나누어 학생들과 다시 이야기했다. 의견을 낸 학생들이 적극적으로 참여할 의사를 보였다. 소통 게시판과 북 트럭 운영, 함께 읽기 게시판 정비는 학생들의 손길을 빌리기로 했다.

### 국어분석실에서 책 읽기 수업

모둠수업을 위한 책상은 따로 사지 않고 현재 2인용 책상을 적절하게 모둠형 배치로 돌려 사용하기로 했다. 공간 연구를 염두에 둔 수업이라기엔 안이한 배치였지만, 코로나19 상황과 2명에서 4명까지로 가변적인 모둠 인원 등을 고려할 때 경제적인 판단이었다. 학생들은 모둠수업을 위해 흩어졌다 모이는 것을 자연스럽게 했다. 더 중요한 것은 모둠의 논의를 도와줄 도구였다.

국어분석실 모둠수업 모습과 전지 포스트잇

대형 포스트잇은 내가 수업에서 학생들 의견을 물을 때 자주 쓰는 도구로, 스마트폰으로 접속하는 온라인 수업 도구와 함께 쓰면 아날로그적 장점이 있다. 모둠 책 읽기 1차 모임에서 모둠별로 노트북을 나눠주는 대신 대형 포스트잇과 필기도구를 나눠주었다. 일정과 책의 구성, 각자 역할 등을 메모하는 용도였는데, 생산적인 의견을 모으고 한눈에 보는 데 유용했다. 교실 뒤편에는 같은 주제와 같은 책으로 협의하고 있는 다른 모둠의 전지 포스트잇을 붙여놓고 학생들이 서로에게 배우기를 바랐다.

모둠 책 읽기 발표를 위해 넓은 공간을 원한다는 학생 의견이 있었다. 4명 모두가 나올 때는 무대 중앙에 나오고, 대표로 발표할 때는 모둠원은 앉은 자리에서 일어서서 책 읽은 소감을 말하게 했더니 공간이 무대에서 교실 전체로 확장되는 효과가 있었다. 발표할 때 모두가 한 마디씩 해야 한다는 규칙을 정하자 학생들은 수업에 한 걸음 더 들어왔다. 모두가 경청했던 모둠 책 읽기 발표였다.

개인별·모둠별 도서 선정이 끝난 후에는 국어분석실에 북 트럭을 마련해서 현재 읽고 있는 도서를 모아두었다. 초반에 책 읽기 수업을 할 때 교사가 끌고 가는 북 트럭에 학생들의 시선이 모였다. '우리는 책을 읽고 있습니다.'라고 공표하는 의미가 있었다. 3단 구성의 중후한 북 트럭, 1층에는 개별적으로 권한 책, 2층에는 독서 수업과 연계하여 소개했던 책, 3층에는 기후 위기를 주제로 모둠에서 함께 읽고 있는 책을 전시했다. 모둠 책 읽기 발표를 전후해서 학생들은 다른 모둠원들이 읽은 책에 관심을 보였다. 특히 발표를 듣고 나서 학생들은 다른 모둠원의 도서를 살펴보기 시작했다.

학생들의 개별 도서 읽기가 끝나갈 때 국어분석실 칠판에 좌석표를

북 트럭

전지에 적은 개인 상황판

전지 크기로 인쇄해서 개별적으로 읽고 있는 책 이름을 써서 붙여놓았다. 자신의 이름 옆에 써놓은 책은 자신과 무관한 책이 아니었다. 책을 선정하게 된 이유와 읽고 있는 과정 등을 포함해서 교사와는 구술평가로, 또래 친구와는 책 이야기로 풍성하기를 바라는 마음이었다. 굳이 공간 구성이라고 우기고 싶은 생각이 들었다.

학생들의 희망 사항 가운데 교실 뒤편의 휑한 공간에 유리 보드를 설치하자는 의견이 몇 있었다. 색깔 고운 펜으로 그림을 그리고 반별로 의견을 적고 싶다고 했다. 그래서 양면으로 활용이 가능한 유리 보드 2개를 구했다.

우리가 찍은 풍경, 우리가 찍은 인물들

그 무렵 독서 지문으로 사진작가 윤광준의 〈내가 찍고 싶은 사진〉을 읽고 핸드폰으로 인물과 풍경을 찍는 야외 수업을 했다. 자기 삶이 걸릴 때 아이들은 설렌다. 수업에서 각자 사진 한 장씩 보내면 인화해서 작은 전시회를 열자고 약속했다. 교사는 그저 한 장씩 인화했을 뿐인데, 학생들은 사진 속에서 자기 사진을 골라냈다. '우리가 찍은 풍경', '우리가 찍은 인물들'이라는 제목을 뽑아서 흰색 보드마커로 단장하는 학생을 필두로 아이들은 누구의 사진인지 분분하게 이야기를 하며 사진을 붙였다. 교사는 교실에 들어오는 학생들에게 '뒤에 가서 사진 한 장씩 붙이고 수업하자.'라고 운을 떼고 수업을 시작했다.

모둠별 책 읽기가 한창일 때 뒤편 보드는 논의하는 과정이 보이는 전지 포스트잇이 붙어 있던 자리였다. 지금은 유리 보드의 '인물과 풍경' 외에 '우리가 함께 읽은 책'이라는 제목으로 모둠 도서의 정보를 담은 사진을 붙여놓았다. 북 트럭 3층의 모둠 도서는 이제 국어분석실 뒤편 낮은 서가 위로 옮겨서 한 권씩 전시해 놓았다. 사진 전시가 끝난 유리 보드는 반별 소통 게시판으로 쓸 예정이다.

## 온라인 수업 공간, 소통의 공간을 넘보다

2020년 온라인 수업 원년을 보내며 얻은 것과 잃은 것이 있다. 나는 온라인이 소중한 수업 '공간'이 될 수 있음을 실감했다. 특히 학생들 글에 비공개 댓글로 달아준 피드백은 의외의 효과가 있었다. 교실 수업에서 의견을 물었을 때는 친구들의 눈을 의식해서 발표를 꺼리던 학생들이 온라인에서는 활발하게 의견을 밝히고 교사와의 소통을 반가워했다. 학생들이 온라인에서 개별적인 표정을 보여주기 시작한 것이다.

구글 클래스룸으로 수업을 개설하면서 '개별 독서, 책 대화하기'와 '모둠 독서, 기후 위기 함께 실천하기' 섹션을 별도로 만들었다. 수업마다 게시판을 생성해서 진행 상황과 자료를 함께 올렸다. 온라인 공간이었으므로 다양한 형태의 자료를 링크해서 사용할 수 있었다. '나의 독서 이력과 독서 계획'이란 글쓰기 공간, 도서관에 내려가 개인별로 도서를 선정하고 패들렛에 올려 발표했던 공간, 책을 읽고 독서일지를 썼던 메모 공간, 자신이 읽은 책에 대해 구술평가를 준비하는 공간, 마지막으로 한 권의 책을 서평으로 정리해서 제출하는 아카이브 공간이 구글 클래스룸에서 이루어졌다.

온라인 수업 공간에서 빛났던 지점은 구글 문서로 운영했던 '함께 쓰는 독서일지'였다. '개별 책 읽기, 책 바다에 풍덩, 독서일지 쓰기'라는 제목을 달고, 그 시간에 읽은 책에 대해 간단히 독서 메모를 남기게 했다. 하나의 문서에 순서대로 이름을 적고 자기 공간에 들어가서 쓰는데, 첫 번째 칸은 내가 먼저 썼다. 왜 이 책인가, 쪽수 인용하며 밑줄을 그은 부분과 간단한 소감을 적었는데, 각자 다른 책을 읽고 있는 아이들이 서로에게 배우길 바랐다. 친구들이 쓴 독서일지를 보면서 감을 잡으라고 했다.

모둠 책 읽기 발표는 패들렛 도움이 컸다. 모둠 섹션에는 모둠 구성에서부터 논의 과정과 각자의 자료, 모둠 자료 등이 쌓였다. 모둠 발표가 끝난 후 총평을 모둠원 골고루 달아준 게 의미가 있었다. 모두가 보는 공간에서 자신의 칭찬이 공개될 때의 '으쓱함'이 있었다. 온라인 수업 공간은 이렇게 마음을 보여주는 소통 공간이 되기도 했다.

## 공간과 책과 사람 덕분에 진행한 수업

2021년 2학기에 진행한 책 읽기 수업 사례를 공간 연구라고 할 수 있을까? 이 질문은 한계를 고백하는 것이지만 덕분에 내 수업의 공간을 상상하는 질문이기도 했다. 수업이라는 콘텐츠에서 출발했기에 온라인 수업 공간을 이 연구에 가져올 생각을 했다. 다시 말해, 연구에 참여한 덕분에 교사로서 성장할 수 있었지만 공간혁신이라는 단어에는 미치지 못했다. 북 트럭과 유리 보드를 마련한 정도에 그쳤다.

대신 책 읽기 수업에서 필요한 공간을 꿈꾸게 됐다. 학생들의 의견을 들어본 결과였다. 우리 학교도서관처럼 운동장을 향하는 소파를 마련하고 싶고, 뒤편에는 모둠형 테이블을 한 세트 놓아볼까 생각 중이다. 재기발랄한 이미지와 글이 소통 게시판을 채우도록 형형색색의 마커펜과 게시판도 장만하려 한다. 그래서 코로나19가 끝나면 책 읽기 수업을 하던 국어분석실이 2학년 학생들의 거실과 서재가 되기를 희망한다.

수업 사례는 자칫 간증으로 흘러갈 위험이 있다. 이 연구도 마찬가지다. 책 읽기 수업을 따라가지 못한 아이들이 반마다 있다. 책을 빌려주기도 하고 다정하게 호소도 했지만, 변화가 없는 아이들이 있다. 다만 모둠으로 함께 읽는 것이나 함께 쓰는 독서일지 등이 크게 도움이 안 되었다고 해서 삶의 지식에서 소외되는 것이 아니라는 점을 기억하려고 한다.

이 연구를 하며 내가 책 읽기를 좋아하는 교사라서 다행이라는 생각을 했다. '나는 왜 책을 읽는가?'에서 한 걸음 나아가, 기후 위기의 시대에 우리는 책을 읽고 무엇을 실천할 수 있을까 생각할 수 있었다. 주제를 생각하다 보니 공간 연구라고 해서 싹 뜯어고치지 못한 점도 있다. 수업을 들었던 학생을 포함해서 연구 모둠의 동료들 덕을 보았다. 수업에만 빠져 맥을 놓칠 때 모둠원 토론에서 들었던 조언이 도움이 되었다.

내가 있는 자리에서 뿌리를 내리는 일은 쉽지 않다. 눈에 띄는 성과 말고 천천히 꾸준히 고민할 과제가 이 연구 과제라는 생각을 하며, 앞으로의 공부를 기약한다.

# 12
# '따로 또 같이' 복합 가정교과실

권정혜

**권정혜**

서울사대부고에서 학습과 실천이 하나 되는 교육을 추구하며 가정 과목을 가르치는 교사이다. 대입을 앞둔 고등학생들이 빽빽한 삶 속에서 자신의 진로를 탐색하고, 주체적으로 수업에 즐겁게 참여할 수 있는 공간의 변화를 꿈꾸고 있다.

# '따로 또 같이'
# 복합 가정교과실

학교는 학생, 교사가 교과 학습을 주고받는 교수·학습의 장이면서, 다양한 경험을 교류하여 인성을 갖추고 성장해 나가며 함께 추억을 만드는 곳이다. 이런 공간이 제 목적을 다하려면 교과 특성을 고려한 공간 구성이 중요하다. 현행 교과교실제, 고교학점제 등의 활성화는 물론 학생 맞춤형 교육 강화, 학교 교육과정 자율성 강화 등이 핵심이 되는 2022 개정 교육과정 운영을 위해서도 교과의 공간 구성은 중요하다.

가정 교과는 다른 교과보다 실천적 성격이 강하며, 전 생애에서 직면하게 될 실생활의 문제를 중심으로 교육 내용이 구성되어, 학습자의 실천적 경험을 통해 개인의 주체적인 삶과 행복하고 건강한 가정생활을 영위할 수 있는 역량을 길러주는 데 중점을 두고 있다(2015 개정 실과[기술가정] 교육과정). 가정, 소비, 의식주 전반에 걸친 내용에서 교과 역량을 달성하기 위해서는 이론 수업 외에 실습이 가능한 환경이 필요하다.

그러나 대부분의 가정교과실은 조리 실습을 목적으로 구성되어 수업에 적합하지 않고, 교육과정 운영에 따라 시수의 변동으로 기술 또는 가정 교과 중 선택적으로 사용하게 되는 경우가 많다. 특히 고등학교의 경우, 입시에 반영되지 않아 가정 교실 공간 구성에 대한 고려와 예산이 부족한 편이다. 이런 현실에서 기술교과실과 가정교과실을 모두 구성하기 어려우며, 구성하더라도 구색만 갖춘 경우가 태반이다. 교사에 따라 '쓸모 있는 공간'이 되기도 하고 학교의 애물단지가 되기도 한다.

'고등학교의 실습 환경은 학생들에게 가정 교과의 핵심 역량을 달성하게 하는 데 적합한 환경인가?'라는 간단한 의문에서 시작하여 '교과를 선택한 학생뿐 아니라 필요에 따라 학교 구성원이 사용하며 가정 교과에 관심을 가질 수 있게 하는 열린 공간이 될 수 없는가?'라는 질문으로 이어져 이 연구를 시작했다. 하나의 실습실이 '조리 실습'의 기능은 물론 이론 수업이 가능한 유연한 공간, 각종 메이커 교육이 가능한 공간, 구성원에게 유의미한 공간으로 활용되면 좋겠다는 생각에 그 길을 찾아보았다.

### 현재 가정교과실, 괜찮을까?

우리 학교 가정교과실의 정식 이름은 '기술교과실'이다. 조리 실습이 가능한 조리대와 함께 비치된 넓은 책상은 기술교과실의 기능을 염두에 둔 것으로 보인다. 하지만 콘센트 등의 시설 구축이 미흡하고, 책상 상판의 내구성이 떨어지며, 수업 도구들 역시 조리 도구들로 가득 채워져 있어 현재는 조리 실습을 주로 하는 공간으로 한정되었다. 가정을 주로 가르치는 상황이니 이 연구에서는 '가정교과실'로 부르기로 한다.

도면

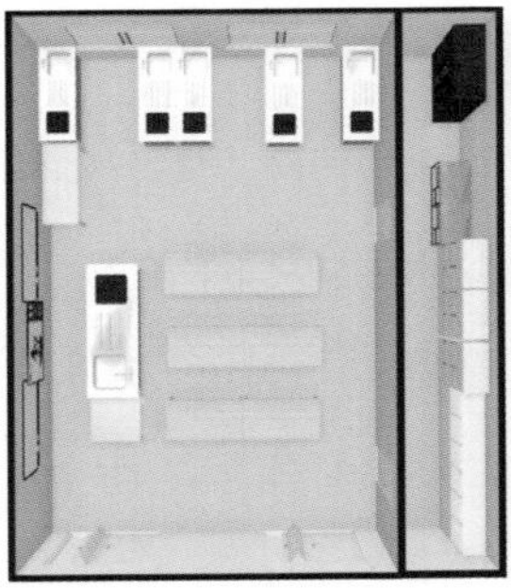

강의 공간

준비실

실습 공간

가정교과실은 교실과 준비실 두 곳으로 분리되어 있다. 교실의 경우 창가 쪽으로 싱크대 5개가 배열되어 있으며 안쪽으로 대형 책상이 있다. 준비실은 수납장들로 채워져 있다.

현재의 공간을 진단하기 위해 〈기술가정〉, 〈가정과학〉 과목을 수강하는 2~3학년 학생 62명을 대상으로 설문(9월 24일~10월 22일)을 진행했다. 먼저 이 공간에 관련된 경험이나 느낌을 물었다. 학생들은 학창시절에 친구들과 맛있는 음식을 만들어 먹은 경험을 무척 소중하게 생각하고 있었다. 그 가운데 하나를 보자.

초등학교 때 반에서 해 먹었던 볶음밥, 중학생 때 빵을 구웠던 경험, 고등학교에 와서 맛탕을 해 먹은 것, 요리를 함께하는 경험은 무척 오래 기억되는 것 같아요. 따분한 학교생활에 한 줄기 빛과 같은 공간입니다.

그렇다면 학생들은 지금의 가정교과실에 얼마나 만족할까? 가정교과실에 대한 만족도를 조사한 결과, 5점 만점에 4점이 채 안 되었다(구조: 3.5, 시설: 3.2, 도구: 2.8, 종합: 3.5). 좋은 점과 불편한 점(개선사항)을 구체적으로 물었다. 좋았던 점에 대해 50명 넘는 학생이 크고 넓은 책상을 꼽았다. 그에 반해 불편한 점은 매우 다양했다. 특이한 점은 많은 학생이 장점으로 꼽은 넓고 큰 책상을 오히려 불편하다고 지적한 학생도 제법 있었다는 것이다. 그와 함께 조리 도구에 대해서도 상반된 견해를 확인할 수 있었다.

- 좋은 점: 큰 책상, 넓은 공간, 다양한 조리 도구, 요리를 할 수 있다는 점
- 불편한 점: 큰 책상, 수업 위주의 책상, 위생, 비실용적인 공간 구성, 냄새, 싱크대 공간 협소, 동선, 인덕션의 화력, 조리 도구 부족

불편한 점에 대한 응답을 자세히 보면 다음과 같다.

가정교과실에서 개선해야 할 점

| 개선해야 할 점 | 응답률 |
|---|---|
| 책상(크기, 배치) | 27% |
| 좁은 공간 | 26% |
| 조리시설(노후, 화력 등) | 23% |
| 위생(냄새, 싱크대 등) | 16% |
| 없다 | 8% |

학생들이 가장 먼저 지적한 것은 공간의 효율성이었다. 현재 6인 실습용 대형 책상이 2개씩 3줄로 배치되어 있는데, 책상이 워낙 커서 공간이 좁다고 느끼는 학생이 많았다. 동선이 불편할 뿐 아니라 이론 수업에는 무척 불편하다.

이뿐만 아니라 또 심각한 문제는 위생이었다. 음식을 다루기에 쾌적한 환경이 갖추어져야 하는 공간이기 때문에 학생들은 위생 문제를 많이 지적했다. 현재의 가정교과실은 건물 뒤편에 배치되어 채광이나 환기가 제대로 되지 않고, 소음이나 냄새를 걱정해서 복도 쪽에는 창을 내지 않았다. 거기에다 조명과 환기 시설도 부족해서 학생들이 많은 불편을 느끼고 있었다.

아울러 실습을 주로 하는 공간임에도 불구하고 조리대는 고등학생에게 좁고 낮다. 조리 도구도 학생들이 집에서 쓰던 것에 비해 좋지 못한 경우가 많아 불만이 많았다.

## 가정교과실 변화의 시작

### (1) 공간 변화의 첫 삽

이번 연구의 핵심은 함께할 학생을 모집하는 일이다. 학생 모집을 위

가정교과실 공간혁신 계획

해서 몇 단계의 사전 준비 과정을 거쳤다. 우선 〈기술가정〉이나 〈가정과학〉 과목을 수강하는 학생들을 대상으로 관심을 유도하기 위한 활동을 몇 가지 했다. 먼저, 실습수업을 가정교과실과 일반교실로 나눠서 진행하며 가정교과실의 장단점을 파악해 보도록 했다. 이후 앞에서 소개한 설문조사를 했다. 다음으로 교과서에서 관련 단원을 학습하며 가정교과실을 대상으로 한 '친환경 설계'를 프로젝트 과제 가운데 하나로 제시했다.

이렇게 학생들의 관심이 고조된 상태에서 가정교과실 공간혁신에 함께 참여할 학생을 모집했다. 이 공간은 〈기술가정〉이나 〈가정과학〉 과목에만 쓰이는 곳이 아니라서, 두 과목을 듣지 않는 학생 가운데서도 관심이 있다면 참여할 수 있도록 문을 열었다. 이렇게 해서 2학년 학생 7명으로 '가정교과실 공간혁신 프로젝트팀'을 꾸렸다.

### (2) 학교 탐방

최근 많은 학교에서 기존의 가사실이나 조리실을 메이커 스페이스 또는 가정교과실로 현대화하는 사업을 벌였다. 단순한 내부 공사를 넘어 제과제빵을 비롯한 각종 실습이 가능한 공간으로 탈바꿈한 학교도 많다. 그 가운데 인천의 예일중학교, 서울의 잠일고등학교와 창덕여자중학교를 탐방하기로 했다. 앞의 두 학교를 먼저 방문했고, 창덕여중은 12월에 방문할 예정이다.

인천의 예일중학교는 조리실 공간을 축소하고 쉼과 학습에 중점을 둔 공간으로 변화를 꾀했다. 출입문을 유리로 만들어 개방감을 높이고, 폴딩도어를 이용하여 수업 공간과 휴식 공간을 분리했다. 학생들의 의

인천 예일중학교 가정교과실

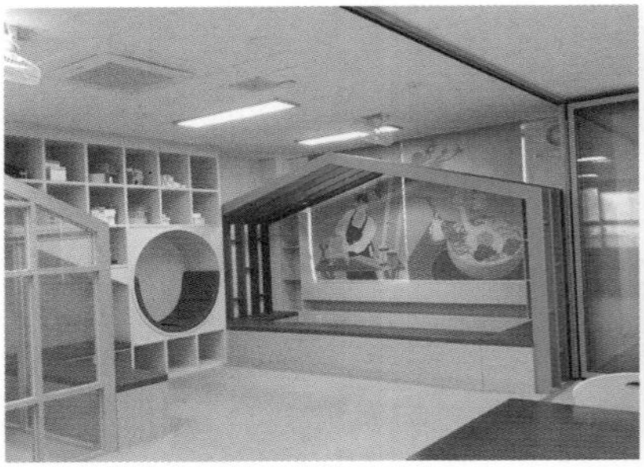

견을 수렴하여 집 모양의 디자인, 누울 수 있는 공간, 상담이 가능한 공간 등을 다양하게 갖추었다. 항상 개방하는 공간이라 누구나 편하게 이용할 수 있는데, 함께 탐방한 학생들은 누울 수 있는 공간을 가장 부러워했다.

잠일고등학교는 가정에 국한하지 않고 'Maker Space'로 공간을 구성한 것이 특징이다. 2층의 도서관, 4층의 과학실 등과 유기적인 공간을 만들기 위해 계단의 인테리어를 통일했다. 도서관에서 학습한 내용을 이곳에서 바로 구현할 수 있다는 점이 인상적이었다. 도자기실, 봉제실을 별도의 공간으로 두고, 그 외에 조리실과 수업 장소는 타공판을 이

서울 잠일고등학교 Maker Space

용하여 공간을 유연하게 사용할 수 있도록 해서 개인별·모둠별 활동도 가능하다. 오픈 천장이지만 환풍기 등이 노출되지 않도록 구조물을 설치하는 등 작은 부분까지 신경을 썼다는 느낌이 들었다. 함께 간 학생들이 계속 머물고 싶다고 평가할 정도였다.

### (3) 학생 참여 프로젝트 시작

효율적인 토론 및 다양한 아이디어 수렴을 위해 2개 모둠으로 나눠 현재의 가정교과실을 분석했다. 실제 사용하면서 느낀 불편함을 개선하는 게 목표였다. 그걸 바탕으로 학생들의 상상을 덧입혀 도안을 만들었다. 학생들은 〈기술가정〉 과목에서 배운 패시브/액티브 하우스의 개념, 도안 작성 능력, 중학교 또는 다른 학교 탐방의 경험 등을 바탕으로 작업을 했다.

가정교과실 공간혁신 프로젝트팀의 작업

## 공간의 변화

### (1) 구조 바꾸기

학생들은 하나같이 교실과 준비실의 공간 구획이 오히려 불편하다고 지적했다. 두 공간을 나누고 있는 벽을 허물 수 있는지 진단을 받았는데, 전체 벽을 허무는 것은 현실적으로 불가능했다. 교장 선생님을 비롯하여 학교의 여러 선생님, 시공 업체, 학생들과 의논을 거듭해서 가능한 부분만 터보기로 했다.

가정교과실 내부(왼쪽)와 벽면(오른쪽) 변경안

위의 오른쪽 그림처럼 전체를 허물 수 없는 벽은 가운데를 뚫어서 답답함을 해소할 수 있도록 구상해 보았다. 벽을 뚫은 자리에 위로 들어서 고정할 수 있는 창문을 설치하고자 한다. 평소에는 공간을 분리해서 사용하고, 상황에 따라 창문을 들어 올리면 창문틀을 테이블로도 활용할 수 있다. 그 아래에 의자를 배치하면 소수 인원의 학습 또는 모임 공간으로도 유용할 것이다.

또한 교실 공간에서는 조리 실습과 수업을 위한 공간을 분리하면서도 필요할 때는 터서 하나로 사용하면 좋겠다는 의견이 많았다. 처음에는 유리 접이문(폴딩도어)을 생각했으나 안전성, 경제성, 공간 활용성 등을 고려했을 때 유리 주름문(홀딩도어)이 더 매력적이라는 결론을 내렸다.

싱크대는 위치 이동이 쉽지 않아 지금처럼 창가에 두되, 공간을 조금이라도 넓게 쓰기 위해서 준비실 벽을 허무는 방법을 생각했다. 그렇게 하면 준비실에 있던 가구와 냉장고, 오븐 등의 가전을 이용하는 동선이 훨씬 짧아진다. 또한 조리실에서 건물 밖으로 나가는 문을 설치하면 화재 등 비상 상황에 대비할 수 있고, 외부 공간에 텃밭을 꾸미는 등 활용도가 높을 것으로 예상했다. 다양한 만남이 가능한 복합적 동선이 되기 때문에 뜻하지 않은 효과도 많을 것으로 기대한다. 더 나아가 기존에 환기가 되지 않아 냄새가 나던 문제도 어느 정도 해결할 수 있으리라

**가정교과실 내부(왼쪽)와 벽면(오른쪽) 변경안**

생각한다.

지금도 구조에 대해서는 꾸준히 의견을 주고받고 있다. 앞으로도 다양한 사용자가 이용할 수 있는 공간이므로, 다양한 의견을 폭넓게 수렴해야 한다고 생각하기 때문이다. 이처럼 충분한 논의를 거친 후, 오는 겨울부터는 이 공간이 새로운 구조로 변화할 예정이다.

### (2) 가구 옮기기

겨울에 공사를 시작하기 전에, 지금 당장 할 수 있는 일을 찾아서 실천하기로 했다. 그 가운데 하나가 가구 재배치이다. 현재 실습실 공간에 견주어 책상이 지나치게 커서 비효율적이다. 책상을 교체해야 하는 문제지만, 배열을 바꾸면 조금 나아지지 않을까 생각했다. 그래서 칠판을 중심으로 세로로 배치되어 있던 책상들을 가로 형태로 바꿔보았다.

준비실에는 수납장이 빼곡한데, 수납장의 형태가 제각각이라 너저분해 보인다. 2개의 철제 수납장은 문을 열자마자 정면에 배치되어 있어 답답해 보이고, 주변에 전기 시설이 없어 전자레인지는 무용지물이다. 그 가운데 하나를 교실로 옮겨서 각종 양념류를 사용하기 편하게 했고,

교실에 있던 대형 책상의 배열을 변경

준비실에 있던 수납장을 교실로 이동

전자레인지도 사용할 수 있도록 했다.

### (3) 사용자의 편의 고려하기

가정교과실 사용자의 편의를 고려하여 작은 변화를 줬다. 실습수업을 할 때 학생들이 가장 많이 하는 질문은 "어디에 있어요?"이다. 수납장이 나무 재질이라 안을 볼 수 없기 때문이다. 학생들이 편하게 사용할 수 있도록 물품을 주제별로 분류하고 수납장에 이름표를 부착했다.

그동안 밋밋하게 버려져 있던 벽면 공간도 꾸몄다. 복도나 문에 색을 입히고, 벽화 그림, 타일 부착 등으로 공간을 새롭게 연출하는 학교들에서 아이디어를 얻었다. 교과목이나 진로와 관련되는 게시물을 새로

물품 분류 및 이름표 부착(왼쪽), 벽면을 새롭게 구성(오른쪽)

붙였는데, 앞으로는 다양한 사진들을 붙여서 학생들이 관심을 가지도록 할 예정이다. 학생들 작품을 전시하는 공간으로 활용해도 좋겠다는 생각이 들었다.

## 따로 또 같이

공간의 중요성이 강조되면서 많은 학교에서 관련 사업이 진행 또는 계획 중이다. 단순히 공간을 변화시키는 것 자체가 목표가 되어서는 안 되며, '교육의 변화'라는 목적을 갖고 접근해야 한다는 말을 되새기며 이 연구를 진행했다. 교육과정에서 제시한 목표를 달성할 수 있는 복합적이면서 유연한 공간, 교사와 학생이 서로 성장하는 공간. 그 목표를 위한 시작이었다고 생각한다.

작은 시작이었으나 조금씩 변화가 감지되었다. 책상의 배열을 바꾸는 것만으로도 학생들은 공간을 더 넓게 인식했고, 동선의 편리함을 느끼며 조리 실습을 비롯한 활동에 적극적으로 참여했다. 다양한 조리 도구들의 위치를 정확히 알고, 실습 주제에 맞춰 재료와 도구를 사용했다. 또한 쉬는 시간에 핸드폰만 보던 학생들이 벽면에 부착한 게시물을 보며 서로의 진로에 관해 대화도 했다.

무엇보다 고마운 일은 공간혁신을 위한 프로젝트에 함께 참여한 학생들의 성장이다. 주체적인 의지로 가정교과실을 변화시키기 위해 노력했으며, 거리낌 없이 다양한 의견을 말하게 되었다. 자기 자신을 공간의 주인으로 인식하고 그 공간을 바꾸기 위해 관찰하고 궁리하는 태도는 우리 학생들에게 잊지 못할 경험이 될 것이고, 앞날을 살아가는

데 큰 힘이 되어주리라 믿는다.

하나의 공간을 변화시키는 데에는 많은 사람의 관심과 소통이 필요하다. 가정교과실이 실습과 이론 수업이 모두 가능한 공간, 때로는 학생들의 쉼과 진로를 위한 체험의 공간, 교사에게 연수가 가능하고 여유를 즐기는 공간, 지역사회와 학부모가 함께 활용할 수 있는 공간, 이처럼 각자의 목적을 '따로 또 같이' 이루어나가는 공간으로 탈바꿈하기를 희망해 본다.

(이 연구 이후 학교와 지자체 예산 등을 더해 가정교과실은 환골탈태했다. 이 연구가 밑거름이 되었다.)

# 13
# 미지의 사랑반을 놀이하는 사랑방으로

이정호

**이정호**

서울사대부초 특수학급 교사로 재직 중이다. 2001년부터 경기도 사립초등학교에서 담임교사로 통합교육을 20년간 경험했으며, 2011년 특수교육석사(초등) 학위를 받고 2021년 새로운 도전을 하기 위해 서울사대부초에 오게 되었다.

# 미지의 사랑반을 놀이하는 사랑방으로

사랑방은 손님을 맞이하거나 학술 토론 혹은 취미를 나누는 공간이다. 외부인이 안채까지 들어오지 않으면서 집주인과 교류하는 곳이며, 이곳에서는 격식과 예의를 덜 차려도 된다. 특수학급 교실을 사랑방처럼 만들고 싶다. 비장애학생들이 스스럼없이 찾아오면 좋겠다. 그것이 진정한 통합교육의 첫걸음이라 믿기 때문이다.

## 미지의 사랑반

'사랑반'은 서울사대부초 특수학급이다. 특수교육 대상 학생은 보통 한 학년에 한 명 배치되기에, 학급에서 사랑반 친구를 경험하지 못한 학생은 사랑반을 잘 모르고 졸업할 수도 있다. 사랑반 학생이 있는 학급 학생(3학년, 6학년)을 대상으로 사랑반에 대해 얼마나 알고 있는지 물었다.

사랑반에 가본 적이 있나요?

| | 3학년(23명) | 6학년(25명) |
|---|---|---|
| 한 번도 없다 | 19명(82.6%) | 16명(64%) |
| 한 번 가봤다 | 2명(8.7%) | 7명(28%) |
| 2~5번 가봤다 | 1명(4.3%) | 1명(4%) |
| 6번 이상 가봤다 | 1명(4.3%) | 1명(4%) |

3학년 가운데 사랑반에 한 번도 가지 않은 학생이 19명(82.6%)이나 되었는데, 이는 코로나19의 영향도 있으리라 짐작한다. 그런데 6학년이 되었는데도 사랑반을 2회 이상 방문한 학생이 2명(5%)에 불과하다는 점은 어떻게 설명해야 할까? 통합교육을 지향하는 국립초등학교의 위상에 걸맞지 않은 결과라서 아쉬웠다. 같은 교실에 사랑반 친구가 있는 학급에서도 이런 정도라면, 다른 학급에서는 어떨까 생각하니 아쉬움이 더했다.

사랑반이 어디에 있는지 알고 있나요?

| | 3학년(23명) | 6학년(25명) |
|---|---|---|
| 알고 있다 | 8명(34.8%) | 15명(60%) |
| 모른다 | 15명(65.2%) | 10명(40%) |

3학년은 사랑반의 위치를 아는 학생에 비해 모르는 학생이 2배 가까이 되었다. 학교에 오래 다닌 6학년 가운데도 사랑반의 위치를 모르는 학생이 40%였다. 더구나 현재 6학년들은 코로나19로 인해 사랑반 바로 옆 통로를 지나 교실로 들어간다. 그런데도 절반 가까운 학생들이 사랑반의 위치를 알지 못했다. 곁에 있고 매일 보지만, 의식하지 않으면 인식하지 못한다.

### 마음껏 뛰놀 수 없는 아이들

아이들에겐 '놀 권리'가 있다. 이는 어린이의 근본적 인권으로서 유엔 아동권리협약(1989)에도 명시되어 있다. 이 협약은 전 세계 어린이들의 삶을 개선하기 위한 기반으로, 역사상 가장 많은 국가에서 비준한 인권 조약이다. 이 협약의 제41조에서 "모든 아동은 충분히 쉬고 놀며 문화와 창작 활동에 참여할 권리가 있습니다."라고 밝혔다. 충분히 쉬고 노는 것은 아동의 권리다. 그래서 경기도교육청에서는 어린이 놀 권리 보장을 위한 조례를 제정했다(2020년 1월 1일). 아이들이 놀 수 없도록 가로막는 문화적·사회적 환경은 문제가 있는 것이다. 아이들이 놀 수 있도록 배려해야 한다.

아이들에게는 놀 시간이 없다. 일반적으로 수업 사이 쉬는 시간은 10분이다. 10분은 놀이를 하기에는 애매한 시간이다. 화장실도 가야 하고, 학습 준비도 하고 친구들과 이야기도 나눠야 하기 때문이다. 초등학생은 1교시부터 4교시까지 160분을 공부하고 10분씩 3회 쉰다. 사실 어른들도 이런 방식은 무리다. 지금의 일과표는 교사 중심이고 수업 중심이다. 쉬는 시간 10분은 장애학생에게 특히 짧은 시간이다. 관계를 쌓고 사회성을 기르고 친구를 알아가기 턱없이 부족하다.

아이들에게는 아이들의 리듬이 필요하다. 아이들은 '쉼'이 아니라 '놀이'를 원한다. 사랑반 학생들이 개별수업에서 가장 좋아하는 시간도 '놀이'다. 놀이를 위해서는 수업과 수업 사이에 여유를 줘야 한다. 놀이는 장애학생이 비장애학생과 어울려서 행동과 말을 따라 하며, 사회성과 의사소통 능력을 기를 수 있는 교육의 장이기도 하다. 비록 속도는 느리고 방법은 다르지만, 그런 어울림은 무척 소중한 경험이다. 비장애학생도 이런 경험을 통해 장애라는 특성을 이해하고 다양성을 수용하는 사회적 포용성을 기를 수 있다.

아이들이 놀이할 공간이 없다는 것도 문제이다. 집은 편안함과 자율성의 공간이다. 학생들은 학교에 와서 열심히 공부도 하지만, 한편으로는 집에서처럼 편하게 지내고 싶어 한다. 그래서인지 종이 울리면 긴장된 마음을 내려놓고 운동장으로 향하는지도 모른다. 학교에선 운동장이 집과 같은 곳이다. 그러나 운동장은 놀거리가 풍성한 곳은 아니다.

초등학생들이 휴식 시간을 보내는 방법은 교실에 있거나 운동장에 나가는 것이 전부이다. 비가 오거나 시간과 장소가 허락되지 않을 때는 교실에서만 지내야 한다. 학생들이 놀고 싶어도 놀 공간이 없는 경우가 많다.

## 사랑반을 사랑방으로

편하면서도 놀거리가 잘 갖춰진 공간으로 사랑반 교실을 추천한다. 이곳은 장애학생을 위해 특화된 공간이다. 인지적 학습뿐 아니라 사회화 전략을 배울 수 있도록 다양한 놀이기구를 준비해 두고 있다. 비장애학생도 장애학생이 누리는 놀이 시간을 함께 경험한다면, 사랑반은 모두를 위한 공간으로 거듭날 것이다.

고양 호곡중학교에는 '공감터'라는 장소가 있다. 학생들이 휴식과 놀이시간에 교류할 수 있는 공간인데, 바로 옆에 특수학급을 두어 장애인과 비장애인이 자연스럽게 어울릴 수 있다. 진정한 통합교육을 위해서 눈여겨봐야 할 공간이다.

날마다 곁을 지나다니면서도 사랑반의 존재조차 인식하지 못하는 아이들을 사랑반으로 오게 하려면 어떻게 해야 할까? 그것을 이 연구의 핵심 질문으로 삼았다. 사랑반의 문을 활짝 열고 비장애학생들도 들어오고 싶은 공간으로 만들고 싶었다.

사랑반이 어떤 곳이면 가보고 싶다는 생각이 들까요? (중복 응답)

| | 3학년(23명) | 6학년(25명) |
|---|---|---|
| 재밌는 게임, 놀이 도구, 장난감이 많다면 | 9(39.1%) | 11(44%) |
| 친구들과 편하게 쉴 수 있는 공간이면 | 14(60.9%) | 21(84%) |
| 젤리, 사탕, 쿠키처럼 간식을 준다면 | 4(17.4%) | 6(24%) |
| 영화를 보여주거나 재밌는 책들이 많으면 | 10(43.5%) | 13(52%) |
| 사랑반엔 가고 싶지 않다 | 1(4.3%) | 3(12%) |

이 질문에 대해서는 학년별로 큰 차이가 없었다. 학생들이 가장 원한 것은 편안한 공간이었다. 3학년은 23명 가운데 14명(60.9%)이, 6학년은 25명 가운데 21명(84%)이 편안한 공간을 첫손에 꼽았다. 다음으로는 영화나 책, 놀이도구나 장난감을 원했다. 어떻게 해도 사랑반에 가지 않겠다고 대답한 학생은 각각 1명(4.3%)과 3명(12%)에 불과했다. 이 응답 결과를 반영하여 사랑반을 사랑방으로 바꾸기 위한 작업을 시작했다.

먼저, 놀거리를 준비했다. 가끔 비장애학생들이 와서 특수교육 교구나 자료에 호기심을 보이곤 한다. 교실에서 보지 못했던 물건이라 그런 것 같다. 그렇다! 다른 교실에서는 볼 수 없는 놀거리(놀이기구와 게임 도구)를 보여주어 학생들이 찾아오게 하자고 마음먹었다. 기존에 놀거리들이 많았지만, 장애학생들을 위한 것들이라 여겨지는 면이 없지

놀이 및 게임 도구를 교실 입구에 배치

않았다. 그래서 장애학생이든 비장애학생이든 직관적으로 함께 참여할 수 있는 놀거리를 준비했다.

사실 장애학생과 비장애학생이 놀이 및 게임을 함께 하는 것은 도전적인 활동이다. 장애학생이 자칫 놀이에 실패한다면 자신감을 잃어버릴 수 있기 때문이다. 그래서 승패보다는 협업이 중요한 게임을 준비했다. 비장애학생이 단서를 제공하거나 시범을 보여줘서 이끌어주는 역할을 하도록 하면, 장애학생은 성취감을 맛보고 비장애학생은 자기효능감을 느낄 수 있어 일석이조의 효과가 있다.

학습 공간으로 인식되던 사랑반을 놀이 공간으로 바꾸기 위해 학습 도구는 되도록 뒤로 숨기고 놀거리를 교실 전면에 배치했다. 진열대를 사용했더니 사랑반에 찾아온 아이들이 10개 이상의 도구들 사이에서 무엇을 선택할까 고민하는 모습을 보였다.

아무리 좋은 공간을 마련해도 찾아오지 않으면 소용이 없다. 아이들이 쉽게 올 수 있는 시간은 점심 식사 직후이다. 밥을 먹고 아이들의 놀이 욕구가 상승할 때, 사랑반 학생과 비장애학생이 자연스럽게 손잡고 올 수 있도록 '놀이티켓'을 발행했다. 일종의 초대권이다. 사랑반 친구

사랑반 놀이 시간 초대권

를 따라서 사랑반의 담을 타고 넘어오는 것이다.

## 놀이하며 사랑하며

사랑반에 찾아온 비장애학생들은 어떤 느낌이었을까? 몇 명과 함께 얘기해 보았다.

### (1) 3학년 가현이와 나영이의 이야기

가현이는 평소에 사랑반 친구를 잘 도와줘서 사랑반 아이가 매우 좋아하는 학생이다. 놀이티켓을 줬을 때 사랑반 친구는 제일 먼저 이 학생을 꼽았다. 가현이는 사랑반에 와서 놀거리가 많은 것을 보고 놀라는 눈치였다. 나중에라도 다시 와서 모든 게임을 한 번씩 하고 싶은 눈빛이 역력했다. 매주 1회지만 게임 시간이 기다려진다고 했다. 내가 수업 지원으로 교실에 갔을 때 반가워하며 안부를 물었고, 다음 게임 시간에 오겠다고 약속했다.

나영이도 가현이만큼 사랑반 친구에게 언어적·시각적 촉구를 잘해주는 학생이다. 점심시간 놀이티켓을 갑작스럽게 주었는데도 부담이나 저항 없이 받아들였다. 사랑반에 와서 조용히 탐색하고, 사랑반 친구를 배려하며 게임도구 가운데 비교적 쉬운 것을 골라서 어울려 놀기도 했다.

> 저는 사랑반에 처음 왔어요. 그런데 제가 생각했던 것과 다른 것 같아요. 저는 사랑반이 강의실처럼 되어 있고, 선생님이 따로 뭔가 가르쳐주는 줄 알았어요. 그런데 오늘 보니까 신기하고 재밌는 것들이 많다고 느꼈어요. 미지의 공간에 찾아온 것 같아요. 다음에도 꼭 오고 싶어요.

나영이는 평소 사랑반 친구의 잘못된 행동을 받아주는 어른스러움을 많이 보였던 친구였는데, 일종의 보상처럼 사랑반 친구와 함께 특별한 놀이 및 게임을 할 수 있어서 기분이 좋았다고 말하며 통합학급으로 돌아갔다.

**(2) 6학년 다정이와 라희의 이야기**

다정이와 라희는 사랑반 지체장애학생과 친밀하다. 지체장애학생은 휠체어를 탈 뿐이지 학습능력, 언어능력, 사회성 등이 우수하다. 다정이와 라희도 사교성이 좋아서 사랑반에 어려움 없이 올 수 있었다. 간식 선물도 주고, 함께 게임을 하며 다음에 와도 된다고 격려했더니 다음과 같이 반응했다.

> 와! 저는 너무 좋아요. 저 다음에 꼭 올래요. 요즘은 아이들이 ○○○ 보드게임을 좋아해요. 그 게임 있으면 좋을 것 같아요. 그거 사주세요!

두 아이는 원하는 게임을 거침없이 말하기도 하고, 사랑반에 대한 기

3학년 장애학생과 비장애학생 놀이 장면(왼쪽), 놀이 후 간식과 놀이티켓(오른쪽)

대를 적극적으로 표현했다. 장애에 대한 편견이 없어서 사랑반 지체장애학생을 허물없이 대했으며 어색해하지도 않았다. 사랑반에 대한 호기심을 표현하며 자주 오고 싶은 마음을 내비쳤다.

### (3) 서로를 알아가는 사랑반

사랑반에 손님처럼 찾아온 비장애학생은 사랑반이 낯설어 조용하고 신중하게 행동한다. 이때 특수교사가 도움을 줘야 한다. 그렇게 하면 비장애학생들은 장애학생들과 어울리며 장애학생을 어떻게 도와줘야 하는지 적절한 단계를 배우게 된다.

첫째, 기다려주기다. 장애학생이 못할 것이란 편견이 많다. 우리의 호흡과 경험으로 장애학생이 제대로 수행하지 못할 것이라고 선불리 예측하기 때문이다. 사실 시간이 더 많이 걸릴 뿐, 조금 늦더라도 할 수 있는 경우가 많다.

둘째, 한 번 더 말해주기다. 기다려도 제대로 하지 못하면 적절한 단서나 질문으로 한 번 더 말해주면 좋은 결과를 도출해 낼 수 있다.

셋째, 시범 보이기다. 시각적 정보는 장애학생에게 매우 큰 도움이 된다. 앞선 단계에서 진전이 없을 때 말없이 시범을 보여주면 잘 따라서 함께 참여할 수 있다.

끝으로 손잡고 같이 하기다. 사실 장애 정도가 심하거나 인지능력이 낮을수록 손잡고 같이 해줘야 하는 경우가 많다. 손잡고 같이 해주더라도 바로 해주는 건 옳지 않다. 앞의 단계를 거쳐서 손을 잡고 같이 하면 장애학생이 자연스럽게 도움을 받아들일 수 있다. 그 과정에서 비장애학생도 장애학생을 대하는 관계 기술이 향상된다.

### 놀이와 쉼이 넘치는 사랑방

그동안 사랑반은 장애학생들을 위한 지원 공간이었다. 장애학생들이 통합학급에서 쉽게 꺼내지 못한 말이나 위축되었던 감정을 자유롭게 마음껏 풀어놓는 공간이었다. 사랑반은 그 역할만으로도 훌륭한 공간이다. 하지만 비장애학생들에겐 미지의 공간이었다.

시대가 바뀌었다. 장애학생과 비장애학생의 통합교육이 대세가 되었다. 통합교육을 위한 최적의 공간인 사랑반을 열어젖히고 싶다. 사랑반은 사회적 관계가 통합되는 공간이어야 한다. 이 어울림의 공간은 진지한 토론이나 훈육으로 생겨난 것이 아니다. 함께 놀이와 쉼을 통해 교류하기 때문에 가능했다.

대부분 특수학급은 특수교육적 필요나 수업 방해 우려로 인해 구석 공간에 배치되곤 한다. 구석에 배치되었다 하더라도, 장애인과 비장애인이 함께 어울려 놀이와 게임을 할 수 있는 공간으로 허용되고 프로그램들이 상설화된다면 함께 어울리는 사랑방이 될 수 있다. 굳이 1층 중앙에 배치하지 않더라도 아이들이 찾아오기 때문이다. 중요한 건 물리적 위치가 아니다. 그 공간을 어떻게 채우느냐가 관건이다. 아이들을 위한 쉼과 놀이의 공간으로 활짝 열어야 한다.

어릴 적 다락방은 매우 구석진 곳이었지만, 그곳은 나만의 공간이었고 게임과 놀이도 자유로웠다. 그렇기에 높고 위태로운 사다리 또는 계단을 주저하지 않고 올라갔다. 요즘 아이들에게도 그런 공간이 필요하다.

이번 연구에서는 예산과 기한이 제한되어 있어서 기존 공간을 재배치하는 수준에 머물렀다. 만약 기회가 되어 사랑반을 전면 재구성하게 된다면 어떻게 할까? 혹시라도 찾아올 기회를 잘 살리기 위해, 지금부터 상상의 날개를 펼쳐본다.

**사랑방이 되길 꿈꾸는 사랑반**

먼저, 이 공간은 아이들의 통행량이 가장 많은 1층 중앙 광장(로비)에 위치해야 한다. 그곳을 지나면서 친구들이 놀이와 쉼을 즐기는 광경을 유리창을 통해 볼 수 있어야 한다. 그래서 가고 싶은 곳, 놀고 싶은 곳, 쉬고 싶은 곳으로 꾸며져야 한다. 그림에서도 복도와 접한 창문을 크게 배치했다.

둘째, 어울림 마당이다. 왼쪽 그림에서 가운데 넓게 자리를 차지한 공간이다. 비장애학생이 와서 편하게 머물고 놀고 게임을 즐길 수 있는 사랑방이다. 창가에는 게임 테이블을 설치하여 언제든지 게임 도구를 가져와 놀 수 있다. 가운데 공간은 몸으로 함께 어울리며 놀이와 간단한 체육 활동을 하도록 구성했다. 이곳에서는 놀이와 교육이 뒤섞인다. 장애학생뿐 아니라 비장애학생들을 위한 사회성 놀이의 시작점이라 할 수 있다.

셋째, 개별 교육실이다. 특수교육은 사실 일대일 학습이나 소그룹으로 이루어지는 경우가 많다. 그림의 오른쪽에 있는 세 개의 문은 언어치료실, 운동치료실, 감각치료실로 활용할 공간이다. 장애학생을 위한 심화교육 공간이다.

더 나아가 이런 그림을 상상해 본다. 쉬는 시간마다 아이들이 몰려온다. 장애학생과 비장애학생이 손을 잡고 문을 열고 들어오며 함께 놀거리를 향해 앉아서 이야기꽃을 피운다. 선의의 경쟁으로 게임을 하고 점수를 계산하며 약간의 실수와 재밌는 상황을 맞이하기도 한다. 놀이와 게임을 할 때마다 함박웃음이 끊이질 않는다. 사랑반은 지친 학교생활에서 잠시 쉼과 놀이를 통해 재충전하는 사랑방이 된다. 쉬는 시간 종료를 알리는 벨이 울릴 때 아쉬워하는 아이들의 눈빛과 아우성을 교사가 달래며 돌아가도록 독려한다.

아이들에겐 놀이가 곧 쉼이고 쉼이 곧 놀이다. 공부에서 잠시 떨어져 마음의 힘을 회복할 쉼과 놀이가 있는 공간, 그곳이 사랑반이 되길 기대한다.

# 14
# 학교 실내 공기질 향상 방안

박연화

**박연화**

서울교육대학교에서 초등교육을 전공했다. 동 대학원에서 생활과학 석사 후 현재 박사과정 중이다. 서울시교육청 관내 초등학교 교사로 근무하다가 2011년 국공립교류로 서울사대부초로 전입했으며, 교감을 거쳐 현재 교장으로 재직 중이다. 2009 개정 교육과정 실과 교과서 및 지도서를 집필했다.

# 학교 실내 공기질 향상 방안

학교 공간에 관한 연구를 시작하고 새로운 시선으로 학교를 바라보게 되었다. 학교는 30년 넘게 하루 8시간 이상을 살아온 공간이다. 어찌 보면 집보다 더 오래 머무는 곳이고, 나와 학생들 그리고 이제는 이 공간에 머무르는 모든 학교 구성원들의 쾌적한 삶을 고민하는 관점에서 새롭게 바라보게 된다.

요즘 미세먼지가 기승을 부리는 우리나라 대기질 상황은 그저 개인적인 불편을 넘어 학생들과 교직원들의 건강을 살피는 처지에서 몹시 걱정스럽다. 그냥 어쩔 수 없는 일이라고 받아들이기엔 무책임한 일이다. 그래서 미세먼지 문제를 공부하고 해결 방법을 찾아 나섰다. 학교 실내의 공기질을 개선하여 자라나는 학생들의 건강을 지킬 수 있는 방법을 찾아보고자 이 연구를 시작했다.

먼저 설문조사를 통해 교사들의 인식을 살펴보고, 초등학교 미세먼지 저감 정책의 현황과 문제점을 분석했다. 끝으로 대안을 제시하는 차원에서 바이오월(Bio wall)의 교육적 효과 및 활용 방안을 검토해 보았다.

## 미세먼지 상황

미세먼지는 대기 중에 떠다니거나 흩날려 내려오는 입자상 물질로, 크기에 따라 PM10(10㎛ 이하)과 PM2.5(2.5㎛ 이하)로 구분한다. 세계보건기구(WHO) 산하 국제암연구소(IARC)는 미세먼지를 1군(Group1) 발암물질로 분류(2013년 10월)했다. 최근 미세먼지 농도가 날로 높아지고 있으며, 그로 인해 실내로 유입되는 미세먼지도 상당히 많다.

건강 취약 계층인 어린이들은 면역체계가 완전하게 발달하지 않았고, 피부나 호흡기와 같은 신체 조직이 대기오염 물질(이산화황, 오존, 일산화탄소, PM10, PM2.5 등)에 민감하게 반응하며, 단위 체중당 호흡량이 성인보다 높으므로 상대적으로 더 많은 오염물질을 들이킬 수 있다. 미세먼지에 따른 위험성이 성인보다 훨씬 더 높은 것이다.

미세먼지에 대한 교사의 인식을 알아보기 위해 초등교사 25명(남자 7명, 여자 18명)을 대상으로 설문조사를 했다. 설문 내용 중 본 연구와 관련한 일부만을 활용하고자 한다.

### • 미세먼지에 따른 생활의 제약 정도

먼저, 평소에 미세먼지에 따라서 생활의 제약을 어느 정도로 느끼는지 물었다. 미세먼지로 인한 생활의 제약을 평소에도 항상 느낀다는 응답이 20%, 미세먼지가 나쁠 때 생활의 제약을 느낀다는 응답이 40%였다. 정도의 차이는 있지만, 전체 응답자의 60% 정도가 미세먼지로 인한 생활의 제약을 느끼고 있었다.

**• 미세먼지가 학교생활에 미치는 영향**

미세먼지가 교사의 학교생활(수업과 업무 등)에 얼마나 영향을 끼치는지 물었다. 중복 답변을 허용했는데, 미세먼지가 전반적으로 학교생활의 질을 떨어뜨린다는 응답이 60%였다. 미세먼지가 심한 날에는 환기를 자주 못 해서 수업이나 업무에 불편함을 느낀 적이 있다는 응답도 68%나 되었고, 미세먼지로 인한 여러 가지 신체적 불편함(눈 따가움, 목 아픔 등)이 수업이나 업무에 지장을 줄 수 있다고 대답한 비율도 48%였다. 미세먼지가 학교생활에 상당히 큰 영향을 미친다는 사실을 확인할 수 있다. 성인인 교사가 이렇게 심각하게 느낄 정도라면, 어린 학생들에게 미치는 영향은 훨씬 크다고 짐작할 수 있다.

**• 교실의 공기 상태**

교실의 공기 상태가 어떻다고 느끼는지 물었다. 응답자의 16%는 공기질이 항상 나쁘다고 느끼며, 64%는 평소에는 괜찮으나 미세먼지가 많은 날은 좋지 않다고 느낀다고 답했다. 교사의 80%가 교실 내 공기 상태가 좋지 않다고 느끼고 있었다.

**• 교실 공기의 질이 좋지 않은 이유**

교실 공기의 질이 좋지 않은 이유(중복 답변)로는 건물 노후화의 결과(16%), 외부의 미세먼지가 침투함에 따른 결과(36%), 미세먼지로 인한 환기의 부족에 따른 결과(44%) 등을 지목했다.

• **공기의 질이 수업에 미치는 영향**

공기의 질이 본인의 수업이나 학생들의 수업 참여에 영향을 끼친다고 생각하는지를 물었더니, 80%의 교사가 그렇다고 답변했다.

## 실내 공기질 개선을 위한 정책

초등학교 어린이들은 하루 중 최소 4시간에서 많게는 8시간을 학교에서 보낸다. 그 가운데 실내에서 보내는 시간이 대부분이다. 실내 환경은 초등학교 학생들의 건강에 큰 영향을 미친다. 교실 내 환경이 중요한 이유이다.

설문조사 결과에서 알 수 있듯이 현재 초등학교 교사들은 미세먼지로 인해 생활에 많은 제약을 받고 있으며, 특히 교실 내 수업 활동에 크게 지장을 받는 것으로 나타났다. 따라서 교육정책과 학교 운영에서 이에 대한 대책을 마련하고 해결 방안을 제시해야 할 것이다.

이와 관련하여 환경부에서는 2017년 8월부터 2018년 6월까지 실내 초미세먼지(PM2.5) 등에 대한 관리기준을 강화하기 위해 연구를 수행했으며, 실내 미세먼지 관련 국제기준, 시설별 오염도 및 공기정화설비 실태, 대기 중 환경기준 강화(50㎍/㎥ → 35㎍/㎥) 등을 고려한 연구 결과를 바탕으로 다중이용시설의 미세먼지 유지기준을 마련했다. '실내 공기질 관리 기본계획'은 '실내 공기질 관리법'에 따라 5년마다 수립하고 있다.

국회 교육위원회에서는 2019년 3월 11일 법안소위와 전체 회의를 열고 학교보건법 개정안을 만장일치로 통과시켰다. 법안의 주요 내용은 유치원과 초·중·고 교실마다 미세먼지 측정기와 공기정화설비를 의무적으로 설치하도록 규정하고, 국가·지방자치단체는 이에 필요한 경비를 지원하는 것이다. 또 학교의 공기 질 점검 시 학부모 등 관련 당사자의 참관제도를 도입하고, 공기 질 점검을 현행 연 1회에서 상·하반기 각 1회 이상으로 늘리는 내용, 환경위생 및 식품위생 점검 결과·보완 조치를 학교 홈페이지에 공개하도록 하는 내용도 담았다.[1]

교육부에서도 미세먼지로 인한 학생 건강 피해를 줄이기 위해 2017년에 초등학교 126교에 공기정화장치를 시범 설치했다. 2019년 2월에 전국의 유치원과 초·중·고교 및 특수학교 등 모든 학교를 조사한 결과 전국 20,877개 학교의 272,728개 교실 중 158,463개 교실에 공기청정기나 기계환기설비 등 공기정화장치를 설치(약 58%)했다. 2020년 3월 기준으로는 서울특별시 소재 모든 초등학교에 공기청정기를 설치하여 운영하고 있다. 그러나 이런 설비가 미세먼지를 완벽하게 차단하지 못하고 있는 것이 현실이다.

### 바이오월을 통한 실내 공기 질 개선

밀폐된 공간에 동물과 식물이 함께 있으면 식물에서 나온 산소로 동물이 호흡하고, 동물의 호흡에서 나오는 이산화탄소는 식물의 광합성에 활용되어 서로 생명을 유지하게 된다. 또한 식물은 동물이나 실내 각종 자재에서 발생하는 오염물질을 제거하여 실내 공기를 정화함으로

1 에듀인뉴스(http://www.eduinnews.co.kr), 2019년 3월 11일.

바이오월

바이오월 유체 흐름

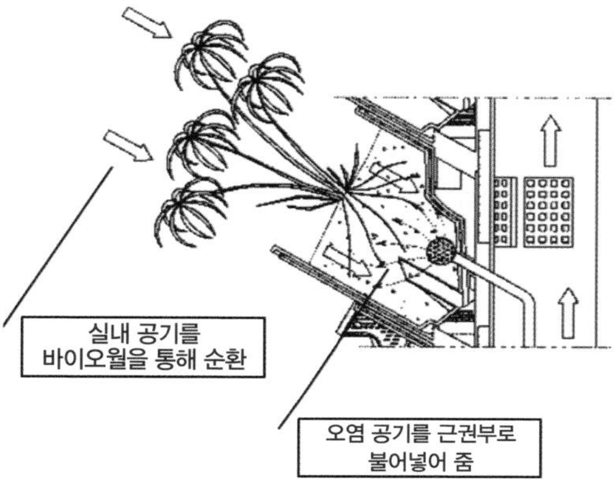


써 밀폐된 공간에서 생명체가 건강하게 살아갈 수 있도록 해준다. 이것이 바로 우주 공간에서 생명을 유지해 주는 생명유지시스템(life support system)의 근본적 원리이다. 공기정화식물은 이러한 우주정거장을 개발하기 위해 미국의 항공우주국 등에서 연구를 시작했다.[2]

우리나라 실내 공기질 관리법(2005년 제정)에서 규제 대상 오염물질은 미세먼지, 포름알데히드, 일산화탄소, 이산화탄소, 부유세균 등인데, 이들은 모두 식물을 통해 제거할 수 있다. 공기청정기와 더불어 실내 식물을 심고 가꿈으로써 미세먼지를 제거하고 교실 환경을 청정하게 유지할 수 있다.

바이오월(bio wall, 수직정원)은 식물의 공기정화 효율을 높이기 위해 농업진흥청에서 개발한 시스템이다. 공기를 잎과 뿌리로 순환하도록

2 국립원예특작과학원(2014), 〈식물의 기능성을 활용한 그린빌딩 구축〉, 농촌진흥청.

하여 식물 주변 공기뿐만 아니라 더 넓은 공간을 정화하며, 뿌리의 미생물과 토양이 필터 역할을 하도록 하여 정화 효율을 올리도록 하는 제품이다.

최근 농촌진흥청 도시농업연구팀에서 진행한 실험 결과에 따르면, 공기정화식물과 공기청정기를 결합한 벽면녹화시스템인 바이오월은 포름알데히드, 톨루엔 등 휘발성 유기화합물(VOC) 정화 효과가 우수하고 냉난방에 소모되는 에너지 사용량을 줄이는 데 효과가 있는 것으로 나타났다.[3]

이러한 바이오월의 미세먼지 저감 효율은 상당히 높다. 바이오월 1m²가 2시간 동안 초미세먼지(PM2.5) 464㎍/m³를 줄여서, 시간당 저감 효율은 232㎍/m³이다. 화분에 심은 식물의 시간당 평균 저감량이 33㎍/m³라는 걸 생각해 보면, 바이오월은 화분에 심은 식물에 비해 미

4시간 동안 입자 크기별로 측정한 값

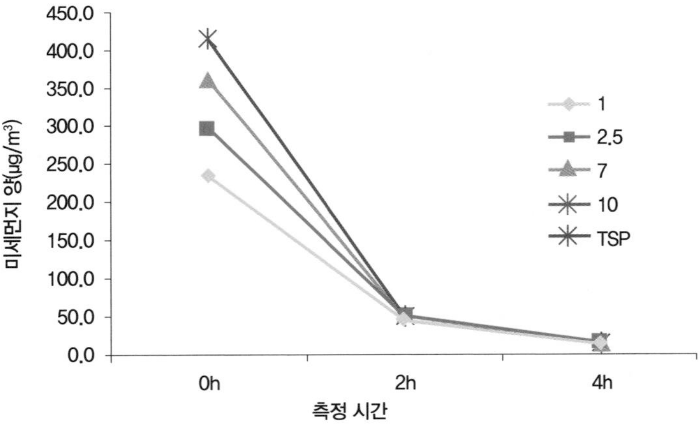


3 국립원예특작과학원, 앞의 글.

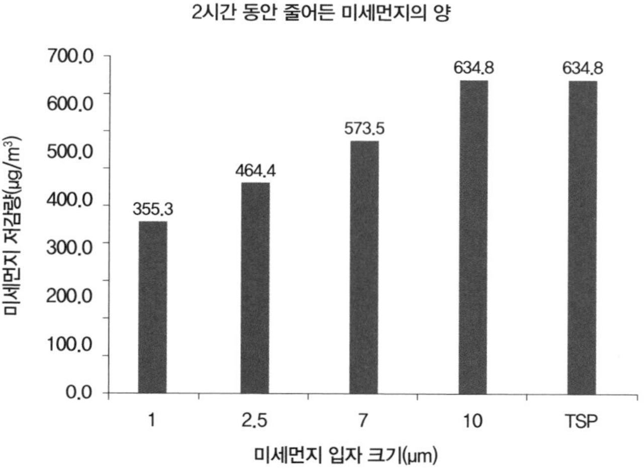


세먼지 저감 효율이 7배 정도 높다.

왼쪽의 그래프는 바이오월(1㎡)을 설치한 이후 미세먼지의 양이 줄어드는 정도를 4시간 동안 측정한 값이며, 위의 그래프는 바이오월(1㎡)을 설치하고 2시간 후 미세먼지가 얼마나 줄었나를 입자 크기별로 비교한 값이다.

이런 공기정화 효과를 극대화하기 위해 농업진흥청에서는 건물 아트리움, 현관 등에 설치한 벽면 녹화와 건물 공조시스템을 연결하는 건물 공조시스템 융합형 바이오월(2018, 특허), 사무실과 가정에서 활용할 수 있는 소형 바이오월(2018, 국제 특허) 등을 개발했다. 실내 그린 인프라 구축으로 쾌적한 환경 조성, 건강 증진, 실내 벽면을 활용함으로써 공간 활용 효율 증대 등을 기대할 수 있다.

## 교실마다 바이오월을 설치하게 된다면

앞서 살펴본 바와 같이 바이오월의 실내 미세먼지 저감 효과는 매우 뛰어난 것으로 확인되었다. 따라서 학교 교실에 바이오월을 설치할 경우, 교실 내 공기질을 개선하는 데 다음과 같은 탁월한 효과가 있을 것으로 기대할 수 있다.

첫째, 식물의 증산작용과 식물 주변의 공기 순환을 통해 냉난방 비용을 절감할 수 있다.

둘째, 유지와 관리가 매우 쉬우므로 방학이 긴 학교의 상황에서도 식물을 꾸준히 가꿀 수 있다.

셋째, 학생들이 식물을 가꾸고 관찰하며 정서적인 안정과 자연 친화적인 교실 환경을 구성할 수 있다.

그러나 비용과 현재 교실 상황 등의 문제로 이번 연구 기간에는 교실

보건실에 바이오월을 설치한 모습

교실에 바이오월을 설치한 모습 (상상도)

마다 바이오월을 설치할 수 없었다. 대신, 전교생이 모두 이용하는 보건실에 시범적으로 하나를 설치하고 그 효과를 알아보았다.

보건실에 설치한 바이오월로 공기질을 측정한 결과 공기정화 효과 수치의 변화를 직접 확인할 수 있고, 자동 관수 기능으로 관리가 편하며, LED 조명을 사용하여 식물들이 싱싱하게 자라는 것을 확인할 수 있었다. 학생들은 초록의 공간을 보며 아픈 몸과 더불어 마음의 아픔까지 치유할 수 있지 않을까?

앞으로 교실마다 바이오월이 설치되어 소중한 학생들의 건강을 지킬 수 있기를 기대한다.

# 15
# 누구나 쉽게 찾아와 마음을 나누는 위클래스

이병인

**이병인**

서울대학교 사회교육과를 졸업하고 2007년부터 학교에서 아이들을 가르치고 있다. 2014년 서울사대부중으로 옮겨와 부중이들과 너무나 행복한 나날을 보내고 있다. 진로와 상담에 대해 잘 모르지만, 진로상담부장이 되어 고군분투하면서도 훌륭한 주변 선생님들의 도움으로 무사히 한 해를 마무리해 나가고 있다.

# 누구나 쉽게 찾아와 마음을 나누는 위클래스

나에게 '위(Wee)클래스'란 아이들이 상담하러 가는 곳이었다. 담임교사가 아닌 전문 상담 선생님과 상담하는 곳, 조금 더 전문적인 상담이 필요한 아이들을 위한 장소, 그 정도가 내가 알고 있는 전부였다. 그런데 올해 진로상담부를 맡으면서 이곳이 왜 만들어졌는지, 어떤 일을 하는 곳인지 천천히 알아가고 있다.

위클래스는 '위(Wee) 프로젝트'라는 사업에서 시작되었다. 이는 학교·교육청·지역사회가 연계하여 학생들의 건강하고 즐거운 학교생활을 지원하는 다중의 통합지원 서비스망으로, 2008년 학교폭력이나 학업 중단 등 학교에서 발생하는 다양한 위기 요인들로부터 우리 모두(We)가 학생을 보호하고 건전한 교육(Education)을 통해 건강한 마음(Emotion)을 도모하려는 목적에서 시작되었다. 이에 따라 학교에는 위클래스가 세워졌다. 위클래스 상담은 학생 또는 학부모가 직접 신청할 수도 있고 담임교사가 의뢰할 수도 있다. 학생들은 학교 운영 시간 중

(쉬는 시간, 점심시간, 방과후)에는 언제든지 위클래스를 이용할 수 있다.

실제로 위클래스에서는 학생 정서 검사, 행동 특성 검사, 인터넷·스마트폰 이용 습관 진단조사 등의 결과를 바탕으로 상담이 필요한 학생들을 관리하고 전문 기관에 연계하거나 상담을 지원하는 등 다양한 업무를 수행하고 있다. 전입생이나 운동부 학생을 위한 상담도 한다.

그런데 눈길을 끌었던 점은 위클래스에 상담을 목적으로 찾아오지 않는 경우도 많다는 것이다. 처음에는 의아했으나 곧 이해가 되었다. 사회에서 신경정신과에 대한 편견이 있듯이, 학생들이 상담 자체에 거부감을 가진다면 위클래스 운영에는 치명타가 된다. 위클래스를 방문하는 행위가 특별하거나 어렵지 않게 느껴져야 하고, 그 장소는 특정 사람이 아닌 불특정 다수가 이용하는 곳이어야 한다. 서울사대부중 위클래스는 그런 곳인가?

## 지금, 위클래스는 어떠한가?

현재 우리 학교의 위클래스는 개인 상담실과 집단 상담실 두 공간으로 나뉘어 있다. 편의상 개인 상담실을 '위클래스1', 집단 상담실을 '위클래스2'로 구분했다.

2019년 본관 리모델링 공사를 하면서 위클래스 공간 1과 2 사이의 벽에 엑스빔 보강이 이루어졌고, 그로 인해 두 공간을 이어주던 문이 사라졌다. 그 결과 위클래스1에서 2로 이동하려면 복도로 나와 진로활동실 출입구로 들어가야만 한다. 위클래스2는 접근성이 떨어지는 곳에 자리하게 되면서 죽은 공간이 되었다.

현재 위클래스의 위치 및 동선

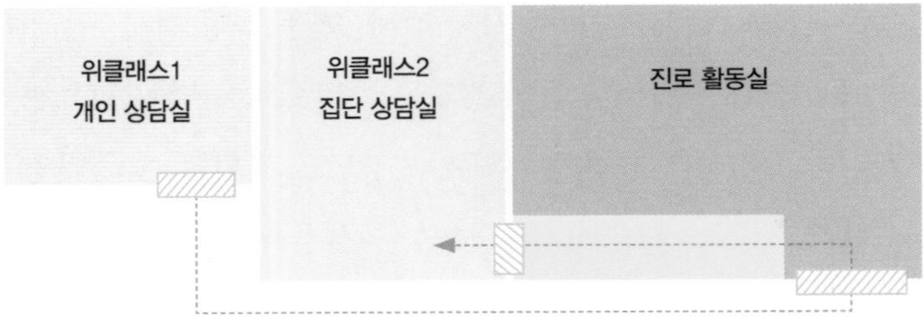


더 큰 문제는 진로활동실에서 수업, 회의, 연수 등의 활동이 진행되는 동안 위클래스2에 출입할 수가 없다는 점이다. 상담의 특성상 보안이 매우 중요한데, 진로활동실을 지나야만 갈 수 있는 현재 상담실은 이를 만족시키지 못한다. 학생들이 언제든 찾아와 쉬어가는 편안한 공간이어야 할 위클래스의 일부가 제 기능을 할 수가 없다는 사실은 절망적이었다. 그러다 보니 본교에서는 위클래스1에 역할이 집중되었다.

위클래스 공간별 특성에 따른 본교 위클래스 역할 구분

| 공간 | 공간별 특성 | 역할 구분 |
|---|---|---|
| 집단상담 공간 | 친근성, 접근성, 가변성 | 위클래스2 |
| 개인상담 공간 | 개별성, 보호성, 폐쇄성, 안정성, 집중성 | 위클래스1 |
| 심리검사 공간 | 보호성, 폐쇄성, 안정성, 집중성, 친근성, 접근성, 가변성 | |
| 업무 공간 | 지원성 | |
| 탕비 공간 | 지원성, 편리성 | |
| 학습 공간 | 개방성, 연관성, 가변성 | |
| 카페테리어 | 허용성, 다양성, 접근성, 편리성, 개방성 | |
| 자료 보관 공간 | 지원성 | |
| 컴퓨터 활용 공간 | 개방성, 연관성 | |
| 주출입구 | 상징성, 인식성, 접근성 | |

연구 전 집단 상담실의 모습

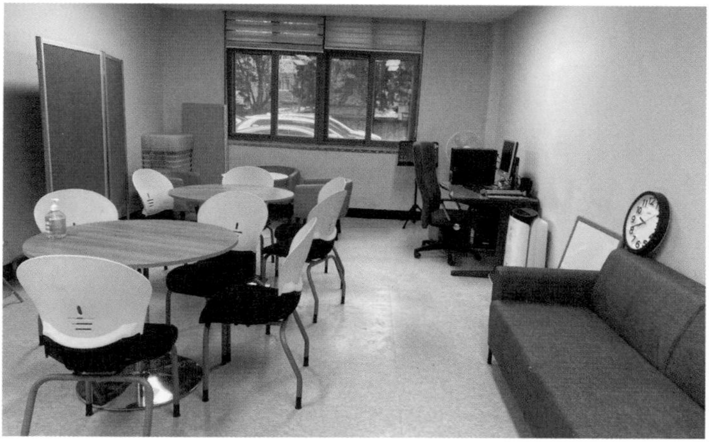

공간 구성도 문제였다. 부설학교 실천연구 컨설팅을 위해 본교를 방문한 EBS 공간디자인팀이 위클래스2를 둘러보고 나서 이렇게 말할 정도였다.

"여기는 상담이 아니라 심문을 하는 곳 같아요."

본관 리모델링 이후 갈 곳 잃은 여러 가구를 덩그러니 들여놓으니 창고 같은 느낌이었다. 사용하지 않는 오래된 스탠드형 선풍기, 쌓아놓은 플라스틱 바구니, 오래된 컴퓨터, 낡은 책상, 칙칙한 소파, 작동하지 않는 제습기……. 이런 환경에서 상담이 제대로 이루어질 수 있을까? 학생들이 편안한 마음으로 상담에 참여하려면 어떤 곳이어야 할까? 고민이 시작되었다.

## 누구나 편하게 위클래스를 찾아오게 하려면?

먼저, 분리된 위클래스1과 2를 잇기 위해 논의했다. 그 사이에 문을 만들 수 없으니, 진로활동실 일부를 가벽으로 막아 통로를 확보하면 어떨까 고민해 보았다.

현재 위클래스의 위치 및 동선

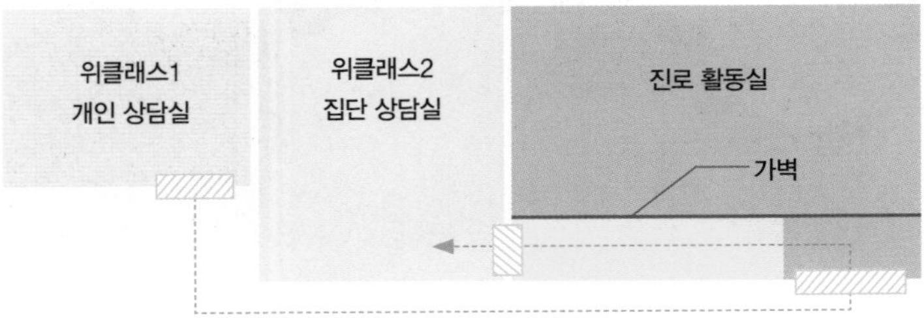


이렇게 하면 진로활동실에서 수업·연수를 하더라도 위클래스2에서 상담을 할 수 있다. 그러나 여전히 접근성은 떨어진다. 또 수업으로 인한 소음이 상담에 영향을 끼칠 수도 있고, 진로활동실 자체가 좁아진다는 문제가 지적되었다. 이에 진로상담부의 선생님들, 교장 선생님, 교감 선생님과 꾸준히 논의하여 변경안을 만들었다.

기존의 위클래스2 공간을 포기하고 다른 장소로 눈을 돌렸다. 복도 맞은편에 있던 연구부 교무실 자리에 위클래스1을 만들고, 현재의 위클래스1 공간을 2로 활용하기로 했다. 복도에 인접한 장소들이라 학생들의 접근성이 상당히 높아졌다. 누구나 쉽게 찾아오는 상담실에 한걸음 가까워졌다. 그러나 여전히 위클래스1과 2가 떨어져 있어 아쉬웠다.

이런 상황에서 EBS 공간디자인팀의 컨설팅을 다시 받게 되었다. 컨설팅에서 가장 핵심은 바로 '복도'였다. 역시 '제약은 창의성의 발판'이

위클래스 최종 개선안

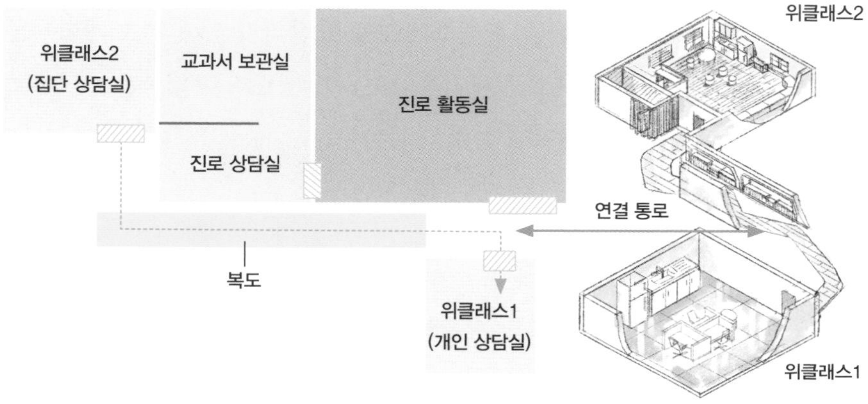


었다. 위클래스1과 2를 잇는 복도를 위클래스의 연장으로 보니 오히려 공간의 확장으로 이어질 수 있었다. 아래 사진은 '위클래스 최종 개선안'에서 '복도'라고 표시한 부분이다. 이 복도를 통해 위클래스1과 2를 이을 예정이다.

위클래스를 이어주는 복도

## 우리가 함께 꿈꾸는 상담실

한편, 학생들이 원하는 위클래스의 모습을 살피기 위해 본교 재학생들을 대상으로 설문조사를 진행했다. 2021년 9월 27일부터 9월 30일까지 실시한 온라인 설문조사에 49명이 참여했다.

위클래스 이용 목적 (중복 응답 가능)

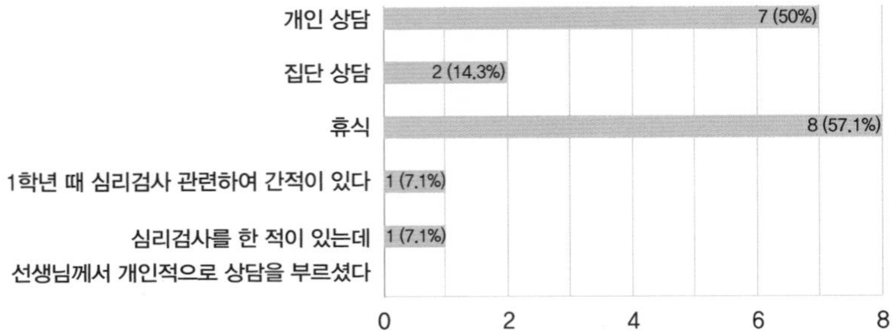


학생들은 위클래스를 휴식 목적으로 이용하는 경우가 많았다. 코로나19로 인해 위클래스를 제대로 개방하지 못했음에도 절반 이상이 휴식을 선택했다는 점이 인상적이었다. 이 때문인지 학생들이 바라는 위클래스의 모습에서도 휴식에 대한 욕구가 드러났다.

위클래스에 필요한 물품 (중복 응답 가능)

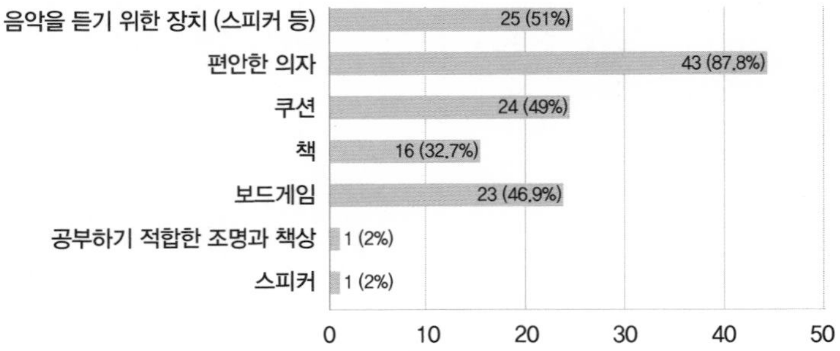

위클래스에 필요한 물품을 물었더니 편안한 의자, 쿠션, 음악을 듣기 위한 장치 등이 높은 응답률을 보였다. 휴식을 위해서 어떤 공간이 마련되기를 바라는지를 물었더니 '카페 같은 분위기(67%)'를 가장 많이 선호했다.

설문조사의 마지막 문항에서는 위클래스 환경 개선 도우미로 지원할 것인지를 물었다. 설문에서 10명의 학생이 지원했고, 추후 오프라인에서 10명이 더 지원해서 총 20명의 학생이 도우미로 기꺼이 힘을 보태주었다.

순수하게 자발적인 모임으로 진행된 이번 환경 개선은 본격적으로 공사를 진행하기에 앞서 기존의 위클래스2 공간을 되살리는 것이 목표였다. 공사를 기다리며 위클래스2를 죽은 공간으로 마냥 버려둘 수가 없었기 때문이다. 설문조사 내용을 기초로 필요한 물품을 구입하고, 2021년 10월 12일 환경 개선을 시작했다.

학생들은 삼삼오오 위클래스2로 집결했고, 필요 없는 물건을 버리고 새로운 가구를 직접 조립했다. 가구 조립이 처음인 학생들은 다소 어려워하기도 했지만, 모두 함께 즐겁게 활동했다. 도우미 학생들의 노력으

**위클래스 환경 개선 도우미 활동**

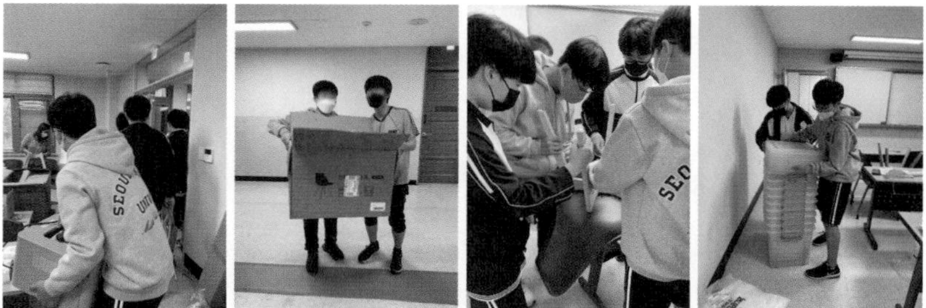

깔끔해진 집단 상담실

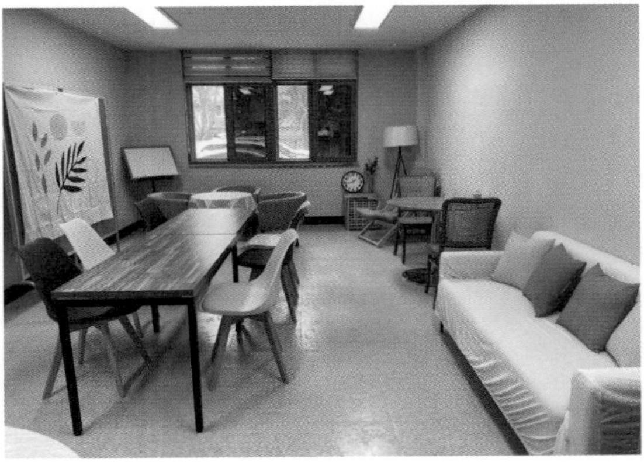

로 삭막했던 공간이 안락한 분위기의 상담실로 변했다.

## 위클래스 알리기

학교에 위클래스가 있고, 학생들이 언제든 찾아와 휴식을 취할 수 있는 곳임을 알리기 위해 적극적으로 계획을 세웠다. 학생들의 노력으로 탈바꿈한 이 장소를 아이들에게 돌려주기 위해 이곳에서 행사를 진행하기로 했다. 교내 축제 때 학부모회와 연계한 '편지는 사랑을 싣고(학부모가 전자 가정통신문 회신 기능을 통해 편지를 보내면 이를 출력하여 학생에게 전달)'라는 이벤트를 위클래스2에서 진행했는데, 방문자는 300명에 달했다. 전교생의 절반 이상이 위클래스를 경험하게 된 것이다. 학생들은 "우리 학교에 이런 곳이 있었어?"라며 놀라워했다.

공사를 앞둔 12월, 다시 한번 이곳에서 행사를 진행할 계획이다. 지속적인 행사로 학생들에게 위클래스가 친숙한 공간이 되기를 바란다.

위클래스에서 진행한 행사

## 바꿔 보자, 위클래스

겨울방학에 진행할 공사를 앞두고 구체적으로 논의를 진행했다. 학생들의 설문조사 결과를 참고하고, 그와 더불어 전문상담사 선생님과 꾸준히 논의했다. 위클래스는 학생을 위한 공간이지만, 그곳을 지키고 꾸려나가는 주체는 바로 전문상담사 선생님이기 때문이다.

우선 위클래스1과 2의 기능을 재정리했다.

위클래스 공간의 역할 재구분

| 공간 | 공간별 특성 | 역할 구분 |
|---|---|---|
| 개인 상담 공간 | 개별성, 보호성, 폐쇄성, 안정성, 집중성 | 위클래스1 |
| 심리검사 공간 | 보호성, 폐쇄성, 안정성, 집중성, 친근성, 접근성, 가변성 | |
| 업무 공간 | 지원성 | |
| 탕비 공간 | 지원성, 편리성 | |
| 자료 보관 공간 | 지원성 | |

| | | |
|---|---|---|
| 집단 상담 공간 | 친근성, 접근성, 가변성 | 위클래스2 |
| 학습 공간 | 개방성, 연관성, 가변성 | |
| 컴퓨터 활용 공간 | 개방성, 연관성 | |
| 카페테리어 | 허용성, 다양성, 접근성, 편리성, 개방성 | 위클2/복도 |
| 주출입구 | 상징성, 인식성, 접근성 | 복도 |

위클래스1은 개인 상담 공간, 심리검사 공간, 업무 공간, 탕비 공간, 자료 보관 공간의 기능을 주로 하고, 위클래스2는 집단 상담 공간, 학습 공간, 카페테리아, 컴퓨터 활용 공간의 기능을 위주로 역할을 나눴다. 즉 위클래스1은 개별성과 폐쇄성을 특징으로 하며, 위클래스2는 개방성을 특징으로 하는 공간이다.

여기에 본교의 특색인 복도 공간이 추가되었다. 복도는 개방성과 접근성을 특징으로 하며 카페테리아와 주출입구의 역할을 담당하게 될 것이다. 벤치, 게시판 등을 설치하여 위클래스1과 2를 이어주는 새로운

환경 개선 후 예상되는 연결 복도

환경 개선 후 예상되는 연결 복도

공간으로 구성하고자 한다.

집단상담실(위클래스2)은 설문조사 결과에 따라 카페 같은 분위기로 접근하되, Key Color는 연한 하늘색으로 선택했다. 공간이 분절되어 좁아 보이는 단점을 극복하기 위해 난색보다는 한색 계통이 어울리겠다고 판단했는데, 그중 파랑은 안정, 호감, 조화, 우정, 신뢰의 색으로 가장 많이 언급되는 만큼 위클래스에 적합하다고 생각했다. 다만, 차가운 색이기 때문에 짙은 파랑을 사용하지 않고 연한 하늘색을 이용하여 개방감과 활기를 더하고자 했다.

## 마음이 닿길

위클래스를 온전히 학생들에게 돌려주기 위한 기나긴 여정이었다. 학생들이 편안한 마음으로 찾아와 상담받을 수 있고, 지친 마음을 쉬어가는 공간이 되기를 바랐다. 이 과정에서 학생들은 이곳이 자신들을 위한 장소임을 알아나갔다. 학교에 이런 곳이 있음을, 그리고 자신들의 손으로 스스로 만들어나갈 수 있음을 알게 되었다.

하지만 가장 많은 것을 배운 건 바로 나 자신이다. 위클래스의 존재 이유부터 생각해 보고, 학교 교육활동 속에 위클래스가 어떤 의미를 갖는지 고민하는 과정을 거치며, '상담'이 이루어지는 이곳에 또한 학생과 교사의 삶이 고스란히 담겨 있음을 알 수 있었다. 이러한 삶을 가장 잘 담아내기 위해 어디에 무엇이 위치하고, 어떤 구성으로 이루어져야 하며, 어떤 색을 사용해야 하는지 계속해서 고민했다.

이 과정에서 '함께하기'의 중요함을 깨달았다. 혼자서 아무리 고민해봐야 한계가 있다. 결국 그 공간을 사용하는 모두가 함께 고민하고 머리를 맞대는 것이 최선의 결과를 가져온다는 진리를 되새기게 되었다.

여러 가지 제약에 좌절하지 않고 끊임없이 도전하고 생각해 내는 끈기가 중요하다는 것도 배울 수 있었다. 그 덕분에 '공간의 분절'에서 오는 제약을 오히려 '공간의 확장'으로 끌어낼 수 있었다.

위클래스1에서 위클래스2로 이어지는 복도의 이름은 '마음이 닿길'이다. 학생과 학생의 마음이, 학생과 교사의 마음이, 학교 구성원 서로의 마음이 닿는 길이 되기를 바란다.

(2021년 12월로 예정했던 공사는 예산 등의 이유로 아직 시작을 못 하고 있다. 하지만 포기하지 않고 이번에는 교육부에 예산을 신청해 보려고 한다. 우리의 간절한 '마음이 닿길' 기대한다.)

# 16
# 우리가 꿈꾸는 도서관

최예윤

**최예윤**

2005년 학교도서관을 처음 마주했고, 2020년에 서울사대부고에 부임했다. 2017년 <학교도서관의 도서반 활동이 학생들에게 미치는 마케팅 효과 분석 연구>를 진행했고, 학교도서관 경영의 마케팅 분야와 도서관 활용 수업에 관심이 많다. 일상에 지친 학생들이 도서관을 쉼터 그리고 지적 호기심 해소의 장소로 이용하길 바라는 마음에 이 글을 썼다.

# 우리가 꿈꾸는 도서관

카페처럼 예쁜 도서관! 작년 초에 서울사대부고 도서관을 만난 첫인상이다. 학교도서관의 틀을 벗어나 간접조명으로 분위기를 살렸고, 가구는 나무로 통일하여 따뜻한 느낌을 준다. 커다란 유리창 너머로 소나무가 가득한 정원도 보인다. 아이들은 창밖을 보며 앉을 수 있는 파란색 소파 자리를 가장 좋아한다. 이렇게 예쁜데 도서관 이용은 생각처럼 활발하지 않다. 코로나19의 영향도 있겠지만, 다른 이유는 없을까?

요즘 학생들은 카페에서 공부를 많이 한다. 하지만 카페는 공부하기에 그리 편한 공간이 아니다. 우리 도서관도 그랬다. 무척 예뻤지만 이용하기에는 불편했다. 작년에 부임하여 1년 동안 장서 2만여 권을 정리했다. 정신을 차리고 돌아보니 도서관에 아이들이 없었다. 학생과 교사가 편하게 찾을 수 있는 따뜻한 도서관으로 만들 수 없을까? 그런 고민을 안고 이 연구에 참여했다.

## 우리가 꿈꾸는 도서관 프로젝트

우꿈도 안내 포스터

도서관 공간혁신을 위해 먼저 '우리가 꿈꾸는 도서관 프로젝트팀(이하 우꿈도)'을 구성했다. 우꿈도 기획에는 당곡고 사례[1]가 도움이 많이 됐다. 지원 자격에 제한을 두진 않았지만 대부분 건축학과, 실내디자인학과, 문헌정보학과를 지망하는 학생들이 모였다. 도서관 단골손님들도 있었지만, 진로 관련 활동이라 스스로 찾아온 학생들도 있어서 구성원이 다양했다. 활동은 주로 패들렛을 활용했다.

첫 번째 과제로 학교 구성원 참여형 공간 구성을 위한 활동지[2]를 작성했다. 각자 원하는 공간이 가지는 느낌을 그림으로 표현해 보고, 다

패들렛에 과제를 공지하면 학생들은 자기 서랍에 내용 기록

1 권미나 외(2021), 《학교 공간, 이렇게 바뀌었어요!》, 창비교육.

2 경상남도교육청(2021), 《행복한 학교를 만드는 학교도서관 공간 구성》.

른 도서관을 탐방하고 소감을 기록했다. 또 각자 꿈꾸는 학교도서관 평면도를 그려 발표했다.

두 번째 활동은 공간혁신에 관한 책을 한 권씩 읽고 짧은 서평을 쓰는 과제였는데, 공간혁신에 관해 더 잘 이해하는 계기가 되었다.

학생들의 희망 진로와 그 학생이 골라서 읽은 책 목록

| 학년 | 이름 | 진로(진학) | 읽은 책 |
|---|---|---|---|
| 1 | 김○주 | 건축학과 | 공간이 아이를 바꾼다/ 김경인 |
| 1 | 김○훈 | 건축학과 | 행복한 학교를 만드는 공간혁신/ 서예식 외 |
| 1 | 최○영 | 건축학과 | 공간은 이야기로부터 시작한다/ 윤형택 |
| 1 | 정○진 | 실내/리빙디자인 | 배움의 공간을 상상하다/ 함영기 외 |
| 2 | 김○정 | 건축공학과 | 구본준의 마음을 품은 집/ 구본준 |
| 2 | 최○우 | 심리학과 | 학교 공간, 이렇게 바꿨어요!/ 권미나 외 |
| 2 | 황○연 | 문헌정보학과 | 학교 공간, 어떻게 바꿀 수 있을까?/ 홍경숙 |
| 2 | 지○주 | 심리학과/작가 | 건축, 모두의 미래를 짓다/ 김광현 |
| 2 | 박○영 | 심리학과 | 인간을 위한 디자인/ 빅터 파파넥 |

세 번째로, 우리가 바라는 이상적인 도서관 이미지를 검색하고, 서로가 찾은 이미지에 댓글로 생각을 표현했다. 도서관 공간을 대출·반납, 쉼터, 서가, 열람실 4개의 공간으로 나눠 이미지를 찾고, 댓글로 서로 피드백도 달았다. 이 활동을 통해 도서관이라는 공간에 대한 이해, 특히 학교도서관에 대한 이해가 더 넓어졌다.

네 번째 활동으로 'floor planner'로 도서관 도면을 그렸다. 각자 꿈꾸는 도서관에 관해 의견을 나눈 뒤, 희망하는 학생들이 함께 모여 도면 그리기에 도전했다. 김○훈 학생은 미로처럼 서가를 구성해서 개인적인 공간을 배치하고 싶다고 했고, 황○연 학생은 평상을 수업 교실에도 설치해서 함께 이야기할 수 있는 공간을 더 늘리고 싶어 했다.

## 도서관 이미지 올리고 댓글로 생각이나 느낌 표현하기

## 학생들이 그린 학교도서관 도면

교사 설문 학생 설문

다음으로, 교사와 학생의 요구를 알아보기 위해 설문조사를 진행했다. 학생에게는 도서관 방문 빈도와 이유, 도서관의 불편 사항과 장점 등을 조사했다. 124명이 설문에 응답했다. 그와 함께 도서관 활용 수업 경험이 있는 교사에게는 수업 진행 시 불편 사항과 좋았던 점 그리고 개선 사항 등을 물었다. 설문조사 내용이 워낙 방대해서 이 글에 싣지 못하고 위의 정보무늬(QR코드)에 실었다. 이후 우꿈도 활동은 이 설문조사 결과를 늘 염두에 두고 진행했다.

## 기존 도서관 공간을 새롭게 활용하기

지금 당장 증축·개축 수준의 도서관 공간혁신을 바라기는 어렵다. 그렇다고 그때까지 손을 놓고 기다릴 수는 없었다. 현재 공간에서 간단히 할 수 있는 일들을 찾았다.

첫째, 점심시간에 '최애 음악 틀어주기' 프로그램을 운영했다. 코로나19 확진자가 늘어나서 학생들이 학교에 나오지 못할 때가 많아 음악 신청을 많이 받지 못한 점이 아쉬웠지만, 아이들의 반응은 좋았다.

"선생님, 카페 같아요."
"제 최애 음악 틀어도 돼요?"

도서부의 경우 점심시간마다 스스로 도서관에 와서 음악을 선정하는 학생도 있었다. 꾸준히 운영하면 좋은 반응을 기대할 수 있는 프로그램이다.

둘째, 수업용 노트북을 추가했다. 1학기 협력수업 때 노트북 6대로 모둠수업을 운영하기가 힘들어 최소한 모둠별 한 대가 운영될 수 있도록 10대를 준비했다. 모둠별로 노트북 한 대를 지급하니 수업이 훨씬 원활했다.

셋째, 불안한 와이파이를 랜선으로 교체할 예정이다. 도서 검색용 데스크탑이 와이파이로 운영되는데, 매번 와이파이에 연결해야 해서 번거롭다. 랜선으로 변경하면 국립중앙도서관의 자료를 좀 더 원활하게 볼 수 있고, 복합기도 학생들이 수시로 활용할 수 있다. 도서관에서 할 수 있는 게 많아질수록 학생들의 이용도가 늘어날 것이다.

넷째, 서가 강목표를 아크릴판으로 교체하고 받침대를 설치할 예정이다. 현재 서가에는 분류표가 고정되어 있는데, 그게 실제와 달라 책을 찾을 때마다 혼란스럽다. 변해가는 서가 구성에 맞게 수시로 분류표를 변경할 수 있도록 아크릴판으로 바꾸고, 분류표 아래에는 큐레이션을 할 수 있도록 받침대도 설치하여 서가 이용도를 높일 생각이다.

**정기간행물 서가를 막은 일자형 탁자(왼쪽)를 분리해서 재배치(오른쪽)**

정기간행물을 보거나(왼쪽) 책상에 앉아 책을 읽는 모습(오른쪽)

그와 더불어, 우꿈도 학생들과 회의 후 책상과 소파의 위치를 바꿨다. 기존 책상은 일자로 길게 배치되어 정기간행물 서가 앞을 막고 있었다. 그걸 분리해서 배치하고, 정기간행물 서가 앞에는 소파와 낮은 탁자를 두었다.

가구 재배치만으로 아이들이 도서관에 머물까? 미심쩍었다. 하지만 다음 날 신기하게도 아이들이 정기간행물을 들여다보았다. 아이들은 좋아하는 연예인이나 운동선수가 표지로 있는 잡지를 보며 재미있어 했다. 감동적인 순간이었다. 기존 일자형 책상일 때는 도서관 유리문 근처 자리에는 아이들이 앉지 않았는데, 탁자를 분리해서 안쪽으로 배치하니 솔밭을 보며 책을 읽거나 공부를 했다.

## 더 가야 할 길

먼저 협소한 대출·반납 공간을 개선해야 한다. 대출·반납 공간은 도서관에서 가장 붐비는 곳이다. 사서교사, 도서부, 근로장학생, 책을 대출·반납하려는 학생들이 뒤엉키곤 한다. 코로나19 상황에서는 손 소독과 출입 기록 작성까지 더해졌다. 그러잖아도 비좁았는데 거기에 방역을 위한 가림판까지 설치하니 너무 불편했다. 또한 대출대 재질이 원목이 아니라 합판인데, 갈라지고 벗겨져서 안전에도 문제가 있다. 도서관에서 가장 먼저 손을 봐야 할 공간이다.

열람 공간도 불편하다. 현재 도서관의 열람 공간은 네 군데인데, 편하게 책을 읽기에는 아쉬운 점이 조금씩 있다. 먼저, 6인용 책상을 4개 붙인 24인용 대형 책상이다. 보기에는 좋은데 학생들이 쉽게 앉지 않는다. 도서관 유리문을 통해 밖에서 훤히 보이는 구조 때문일 수도 있고, 1인 공간이 협소하여 불편하기 때문일 수도 있다. 이번에 우꿈도 학생들과 상의해서 책상을 분리했는데, 학생들 반응은 무척 좋다. 둘째, 평상이다. 도서관의 자랑인 예쁜 소나무 전경을 볼 수 없고, 발을 뻗고 앉기에도 벽에 기대기에도 애매해서 학생들이 불편을 호소하는 자리다. 셋째, 남색 소파는 편하게 앉아 솔밭을 볼 수 있어서 학생들이 가장 좋아하는 자리다. 하지만 5개 밖에 없어 경쟁이 치열하고, 창틀에 발을 올리고 앉는 경우도 많다. 마지막으로 수업 교실이 있지만 책을 읽을 수 있을 정도로 아늑하지는 않다.

**협소한 대출대**

24인용 책상

평상

소파

수업 교실

본교에서는 도서관 협력수업을 활발하게 운영하는데, 도서관은 수업 공간으로 몇 가지 문제가 있다.

도서관의 2인용 책상이 자리를 많이 차지해서 아래 왼쪽 사진처럼

모둠수업에 불편한 책상

서가를 가린 스크린

1인용 책상으로 교체했다. 도서관 수업은 대체로 모둠으로 진행하는데, 책상을 붙였다 뗐다 혼란스럽다. 또 모든 교실에 있는 전자칠판이 도서관에만 없다. 현재 설치된 스크린이 작아서 수업 진행이 불편한데, 더구나 스크린에 가려진 순수과학(400대)과 기술과학(500대) 서가에는 학생의 눈길과 손길이 잘 닿지 않는다. 한편, 공간은 넓은데 유선 마이크밖에 없어 교사들이 돌아다니며 학생을 지도하기도 어렵다.

사서교사로서 가장 심각하게 생각하는 문제는 장서를 보관하기에 턱없이 부족한 서가이다. 장서는 총 19,326권(2021년 12월 2일 기준)인데, 2층 보존서고에 5,482권이 올라가 있으니 도서관에는 14,000권 가까이 있다. 이 책을 다 담기에는 서가가 턱없이 부족하다. 진로나 과목별로 도서를 따로 비치할 공간도 없고, 해마다 새로 늘어나는 장서에 대비할 수도 없다. 2층 보존서고에 있는 책을 원하면 직접 갖다줘야 하는데, 평소에 학생들의 눈길이 닿지 않으니 이용률이 높지는 않다. 더불어 반드시 개선해야 할 문제가 있다. 현재 서가는 안전을 고려하지 않고 제작해서 위태로워 보일 때가 많다. 서가 공간 확충과 함께 안전 문제도 반드시 점검해야 한다.

부족하고 부실한 서가

2층의 보존 서고

## 우리가 꿈꾸는 물음표의 도서관

이 연구의 제목은 '우리가 꿈꾸는 도서관'이다. 우리가 꿈꾸는 도서관은 어떤 모습일까? 우꿈도 학생들의 의견을 정리하면 '자주 가고 싶고, 이용하기 편리하고, 머물고 싶은 도서관'을 꿈꾸는 것 같다. 학생들의 대답 가운데 몇 개를 골라봤다.

- 우리가 꿈꾸는 [평화로운] 도서관 - 학생들이 접근하기 쉽고 편하게 이용할 수 있으면 좋겠다.
- 우리가 꿈꾸는 [아지트 같은] 도서관 - 가끔은 도서관에 숨어들고 싶다. 바쁜 일상에 지친 학생들이 도서관과 교감하며 편안함을 느끼는, 아지트가 되면 좋겠다.
- 우리가 꿈꾸는 [감응하는] 도서관 - 교직원, 학생과 감응하는 도서관이 되길 바란다. 도서관이 구성원과 동떨어지면 제 역할을 할 수 없다고 생각하기 때문이다.
- 우리가 꿈꾸는 [행복을 주는] 도서관 - 힘들고 지칠 때 편한 쉼터가 되어주고, 책이나 자료를 손쉽게 활용해서 맘껏 꿈꾸고 공부하는, 그런 행복을 주는 도서관!
- 우리가 꿈꾸는 [커피 같은] 도서관 - 쓰지만 달기도 한 커피. 공부는 쓰지만 그걸 달게 느끼도록 만들어줄 수 있는, 커피처럼 중독성 있는 도서관이라면 좋겠다.

기존 도서관에 대한 분석, 학생과 교사를 대상으로 한 설문조사, 우꿈도 학생들의 토론 등을 바탕으로 우리가 꿈꾸는 도서관의 모습을 스

넓은 대출대와 학생들을 바라볼 수 있는 사서교사실 모습

케치에 담았다.

먼저, 대출·반납을 위한 공간이다. 넓은 도서관에 비해 지나치게 협소해서 병목처럼 늘 붐비던 곳이다. 사서교사 공간을 분리해서 사서교사가 업무를 보면서도 도서관 전체를 관찰할 수 있도록 하고, 대출과 반납이 편리하도록 넓고 쾌적한 공간을 그려보았다.

두 번째 스케치에는 서가와 수업 교실을 함께 담았다. 부족한 서가를 보충하기 위해 도서관의 왼쪽에 있는 창을 둘러싸고 책장을 배치했다. 이 서가에 과목별, 진로별, 학과별 큐레이션을 할 수도 있을 것이다. 좀 튼튼하게 만들어 평상 대신 저 위에 걸터앉아서 책을 볼 수도 있다면 더 좋겠다.

도서관의 오른쪽 창문에는 암막을 설치하고 스크린을 내려 수업에 활용할 수 있게 했다. 교실 한 칸 크기의 스크린을 설치할 수 있어 수업뿐 아니라 다양한 행사에도 요긴하게 쓸 수 있고, 서가를 막지 않기에 기존의 불편함을 해소할 수 있다. 스크린을 활용할 때는 뒤에 암막을

서가를 가리지 않는 넓은 스크린과 수납장 모습

치되, 창문 양쪽에 장을 만들면 평소에는 암막을 그 안에 깔끔하게 수납할 수 있다.

마지막 스케치는 정기간행물 공간이다. 기존 정기간행물 공간은 24인용 탁자에 막혀 학생들이 거의 이용하지 않았다. 우꿈도 학생들과 의논하여 24인용 탁자를 분리해서 옆으로 옮겨, 지금은 학생들의 휴식 공간으로 사랑받고 있다. 하지만 여전히 서가가 너무 높아서 불편하다.

낮은 정기간행물 서가와 게시판으로 활용할 수 있는 벽

정기간행물 서가를 낮고 길게 두른다면 잡지를 보기에도 편하고, 도서관 바깥으로부터의 시선에서도 벗어날 수 있어 한결 아늑한 공간이 될 수 있을 것이다. 또한 낮은 서가 위에는 간단한 전시를 할 수도 있고, 그 위의 넓은 벽은 게시판으로 활용해서 도서관 행사나 안내 사항을 게시할 수 있다는 장점도 있다.

### 책과 사람이 공생하는 공간

학교도서관을 구성하고 설계할 때 학교도서관을 잘 이해하는 전문가가 없다는 게 항상 아쉬웠다. 학교도서관은 학교 구성원인 교사와 학생이 편하게 찾을 수 있고, 더 나아가 마을공동체의 복합문화공간으로서 성장하기 위해서 학부모까지도 이용할 수 있도록 준비를 해야 한다. 하지만 사서교사가 빠진 채로 도서관 공간 설계가 진행되다 보니, 막상 도서관을 꾸려가는 담당자가 불편함을 느끼는 도서관이 되고 만다. 더 큰 문제는 그런 도서관은 이용자에게도 불편한 공간이 된다는 점이다.

도서관은 책과 사람이 더불어 공생하는 공간이다. 이용자의 요구가 반영된 도서관일수록 이용도가 높을 것이다. 고등학교 도서관이라는 정형성에서 벗어나 서울사대부고만의 도서관을 만들어야 한다. 교사가 수업하고 싶은 공간, 학생들이 책을 읽고 쉬고 싶은 공간으로 탈바꿈해야 한다. 그렇게 하려면 학교도서관을 가장 잘 알고, 이후에도 학교도서관을 직접 운영할 사서교사가 도서관 공간 구성에 적극적으로 참여할 수 있어야 한다.

이 연구에서도 그런 아쉬움을 느꼈다. 연구를 시작하는 단계에서 공간혁신에 대한 명사들의 강의를 들을 수 있어서 무척 좋았지만, 포괄적인 공간에 대한 강의여서 학교도서관에 바로 적용하기는 어려웠다. 그때 우꿈도 학생들이 든든한 동지가 되었다. 아이들은 도서관을 스스로 바꿀 수 있다는 기대에 부풀어 직접 도서관 공간을 그려보고 다양한 아이디어를 냈다. 이미지를 검색하고 도면을 그리면서 학교도서관을 깊이 이해하는 모습을 지켜보며 사서교사로서 행복했다.

이번 연구는 도서관 혁신을 위한 준비 과정이었다. 궁극적으로는 예산을 확보해서 '우리가 꿈꾸는 도서관'으로 변모시켜야 한다. 예산을 비롯한 여건이 갖춰졌을 때 우리 꿈에 더 가까운 도서관을 만들기 위해서라도, 지금 우리가 꿈꾸는 도서관의 그림을 선명하게 그리는 일은 무척 중요하다.

(지자체 예산을 지원받아 '우리가 꿈꾸던 도서관'이 드디어 현실이 될 예정이다. 시의원을 만나 설득할 때도, 건축가와 설계를 협의할 때도, 이 연구가 큰 도움이 되었다.)

# 17
# 문화 학습의 공간으로 되살아난 뒤뜰

하만호

**하만호**

2004년부터 서울사대부고에서 국어를 가르치면서 학급 담임, 학년부장, 교무부장으로 근무하다 2017년 교감으로 자리를 옮겼다. 사대부고가 학생과 교사, 학부모가 가르치고 배우는 데 최적의 공간이 되었으면 좋겠다는 소망을 안고 살고 있다.

# 문화 학습의 공간으로 되살아난 뒤뜰

본교에는 신축 교사를 설계할 때부터 기구한 운명을 겪은 공간이 있다. 나는 2015년 당시 교무부장으로 재직하면서 신축 교사 TF의 일원으로 설계에서부터 기공식, 개관식까지 가장 가까이에서 그 과정을 함께했기에 그 공간에 얽힌 뒷얘기를 잘 알고 있다. 현재 본교의 구성원 대부분이 잘 알지도 못하는 뒷얘기를 하는 이유는 그것이 이번 연구의 출발점이기 때문이다.

그 공간은 설계 단계에서부터 치열하게 논의하고 변경에 변경을 거듭한 곳이다. TF에서는 그곳을 우리 아이들이 가장 쉽게 접근할 수 있고 부담 없이 이용할 수 있는 공간으로 만들고 싶어 했다. 하지만 안타깝게도 몇 차례 설계를 변경한 끝에 이름도 없이 그냥 비어 있는 공간으로 버려지고 말았다.

## 학교 공간의 운명

학교 공간은 저마다의 목적으로 존재한다. 우리나라 교육 제도에서 가장 빈번하게 사용되는 공간은 일정한 형태와 구성으로 이루어진 학급 교실이다. 그에 비해 특별실은 담당 교사의 열의나 수업 형태에 따라 이용 정도가 결정된다. 교실 밖 공간으로 가장 대표적인 곳이 운동장이다. 체육 교과에서는 운동장을 교실의 연장이라 생각하는 데 반해, 다른 교과에서는 야외 공간, 특히 학교에서 가장 넓은 공간이라 여기는 경향이 있다. 그 외의 공간이라면 화단이나 통행로 또는 작은 자투리 공간 등이 있을 수 있다. 이 연구에서는 '어떤 자투리 공간'의 탄생과 변화 과정을 다루고자 한다.

변경 전 설계안

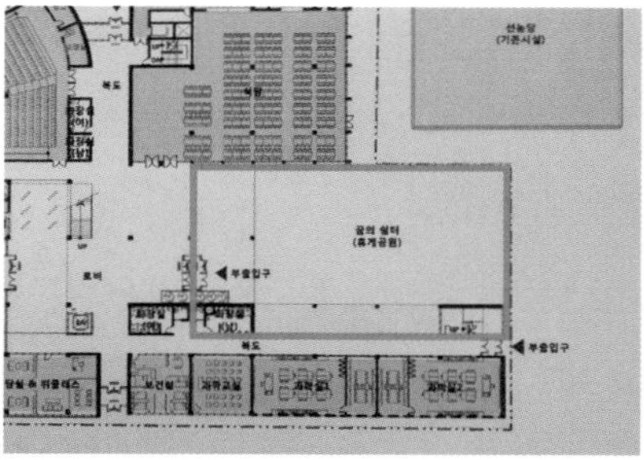

변경 후 설계안

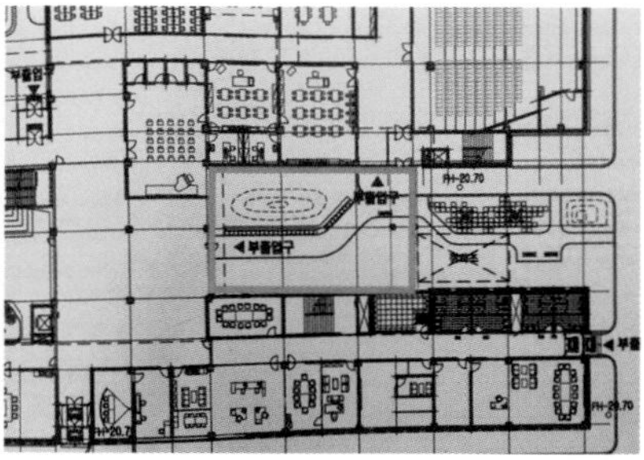

위 설계안(왼쪽)에서 확인할 수 있듯이 이 공간(빨간 네모)은 처음부터 상당히 중요한 장소로 인식되었다. 주요 건물과 건물 사이에 있어 접근하기 쉽고, 뜨거운 햇볕이나 바람을 피할 수 있고, 야외로 이어지는 개방성도 갖추고 있기 때문이다. 학생들의 주요 휴식 공간으로 활용하면 좋겠다는 의미에서 이름도 '꿈의 쉼터'로 붙였다. 접근성을 더 높이기 위해 1층 로비에 위치할 역사관에서 바로 출입이 가능한 문도 설치하려고 했다.

그런데 개축해서 사용하기로 했던 선농당 건물(약 2,000㎡)을 철거하고 체육관을 확장하기로 설계 변경(오른쪽)하면서 이 공간을 어떤 형태로 변형할 것인가를 놓고 여러 차례 논의를 거듭했다. 논의의 결론은 '선큰(sunken)'으로 만들어 학생들의 문화 공간이나 휴식 공간으로 활용하자는 것이었다. 면적이 좁아 객석 부분의 경사가 급하고 따로 지붕이나 조경을 하기가 힘들다는 단점이 있지만, 접근성이 좋다는 장점은 여전했기 때문이다.

하지만 난관이 이어졌다. 이 공간에 정화조를 묻어야 했고, 지하 환기구를 설치하다 보니 역사관에서 바로 나갈 수 있는 보조 출입문을 설치하는 것이 불가능했다. 가장 중요한 접근로를 잃어버리니 학생들 휴게 공간으로서의 의미는 크게 퇴색했다. 그러는 동안 이 공간은 관심에서 멀어지고, 지금처럼 일부는 화단으로 꾸미고 나머지 부분에는 보도블록을 깔아놓은 어정쩡한 형태로 남게 되었다.

2018년 신축 교사에 입주했다. 선생님들과 학생들은 새로 지은 건물 곳곳을 탐색하며 교육 활동을 펼쳤다. 아이들의 예리한 눈은 이 공간을 찾아냈다. 당시 교내 체육대회에서 학급 단위로 창작 무용 공연을 했는데, 연습 공간을 찾던 아이들이 이 공간을 발견한 것이다. 한 개 학급이 연습하기에 딱 맞는 크기였다. 더구나 건물로 막혀 있어서 소리가 퍼지지 않아 음악에 맞춰 연습하기에 안성맞춤이었다. 그 뒤로 다른 반에서도 경쟁적으로 이 공간을 연습 장소로 활용했다.

다음 해에는 학교 축제인 선농제 때 배드민턴 동아리가 일회성 행사로 대회를 열었다. 바람의 간섭을 받지 않는 공간이라 실외 경기장으로는 그만이었다. 하지만 안타깝게도 이것이 공식적인 활용의 마지막이었다.

그 이후 바로 옆에 있는 미술실에서 수업하던 학생들이 잠시 밖으로 나와 바람을 쐬는 경우를 제외하고는, 구성원의 기억에서 잊힌 공간이 되고 말았다. 작년과 올해는 코로나19로 인해 1층에서 통하는 출입문까지 폐쇄하여 접근조차 할 수 없는 곳으로 전락했다.

## 페탕크 경기장으로 살아나다

본교에서는 제2외국어로 프랑스어와 독일어를 내실 있게 가르친다. 특히 프랑스 교과에서는 수년 전부터 '프랑스 문화 아뜰리에'를 운영하고 있는데, 그 가운데 하나가 페탕크 경기이다.

페탕크(Pétanque)는 우리나라의 태권도에 해당하는 프랑스의 국민 스포츠이다. 현재 5개 대륙, 100여 개국에 협회가 조직되어 있으며, 60만 명의 등록회원이 있다. 파리에 본부를 둔 세계페탕크협회에서는 매년 세계 챔피언십 대회를 개최하고 있다. '땅 위에서 하는 컬링'이라 불리며 남녀노소 누구나 즐길 수 있는 접근성 좋은 운동으로, 2024년 파리 올림픽에서는 후보 종목, 2022년 항저우 아시안게임에서는 정식 종목으로 채택되었다.

본교에서는 프랑스 문화 이해의 차원에서 교과 커리큘럼에 반영하여 수업 시간에 학생들에게 가르치고 있으며, 서울시 학생대회에도 참가하고 있다. 하지만 별도 경기장이 없어 인조잔디 운동장에서 할 수밖에 없었다.

그러던 차, 올해 본교에서는 새로운 프랑스어 선생님을 모셨다. 이분이 마침 한국페탕크협회에서 왕성하게 활동하고, 국내 페탕크대회를 주관하는 분이었다. 부임 첫해 페탕크 동아리를 개설하여 본격적인 활동을 시작했다.

페탕크 동아리를 운영하면서 초반에는 규칙 이해와 볼 감각과 무게 익히기, 던지는 자세 연습 등에 중점을 두었다. 적은 인원이었지만 전문 강사까지 초빙하여 체계적으로 가르치려는 노력이 돋보였다. 회를 거듭할수록 규격에 맞는 경기장이 필요했다.

학기 초에는 예산에 반영되지 않아 내년을 기약하자고 말씀드렸다. 담당 선생님은 학교 이곳저곳을 살피며 경기장이 들어갈 만한 공간을 찾아보았으나 마땅한 곳이 없었다. 나 역시 내년 예산에 반영하기 위해서는 어디에 어느 정도 규모로 조성할 것인가 확인하기 위해 가능한 장소를 물색하고 다녔다. 경기장 규격은 4m×15m였다.

가장 먼저 눈에 띈 곳은 솔밭 안에 있는 공터였다. 본교와 부설중학교 사이에 넓은 솔밭이 있는데, 예전에 어떤 용도였는지 모르겠으나 콘크리트로 테두리를 두른 공간이 있었다. 중간에 있던 소나무는 고사(枯

1차 후보지였던 솔밭 내 공터

2차 후보지였던 체육관 옆 화단

死)하여 베어낸 그루터기가 몇 개 있고, 봄부터 잡초가 무성해서 버려진 공간처럼 인식되던 곳이다. 측정해 보니 5m×15m였다. 크기는 적당하나 접근성이 떨어졌다. 본관에서 거의 150m 정도 떨어져 있어 쉽게 접근하기 힘들고, 주변에 소나무가 많아 떨어지는 솔잎을 치우는 일도 쉽지 않을 듯했다.

다음으로 살펴본 곳이 지금 페탕크장 옆 공간이다. 정화조 탱크와 체육관 화단 사이에 있는 간이 화단으로, 보리수나무 세 그루가 있고 나머지는 잔디 사이에 대리석을 놓은 어정쩡한 곳이다. 재어보니 경기장 하나는 들어설 만한 크기였고 접근성도 좋다. 이 후보지를 담당 교사에게 설명하고, 내년에 예산을 확보하여 추진하기로 했다.

여름방학 중 구청에서 하반기 교육경비보조금을 신청하라는 공문을 보냈다. 학교마다 최대 1천만 원을 지원하는 구청 주관 사업이었다. 담당 교사에게 신청을 권유했더니 방학 중인데도 흔쾌히 사업계획서를 작성하여 메일로 보내주었다. 문제는 견적서 작성이었다. 우리나라에는 페탕크 전용 경기장이 한 군데도 없어 어떤 업체도 경험이 없다는 게 문제였다. 할 수 없이 터 다지는 토목회사에 의뢰해서 토목공사 위주로 견적서를 만들었다.

페탕크 경기장을 만들 장소를 확정해야 하는데, 2차 후보지로 생각했던 곳은 1면만 가능한 곳이었다. 담당 교사는 2면을 만들기를 희망했다. 교내를 몇 바퀴 돌아보아도 가로 8m에 세로 15m를 만족하는 공간은 한 군데밖에 없었다. 마음의 뜰, 선큰을 만들려 했던 곳이다. 담당 교사와 행정실, 교장 선생님과 협의하여 이곳을 최종 장소로 확정하고 신청서를 제출했다.

경기장을 설치하기 전의 모습

## 경기장 만들기

9월 중순 교육경비보조금이 교부되었다. 이때부터 본격적으로 경기장 조성에 대한 논의가 이어졌다. 담당 교사가 보내준 문서와 동영상, 사단법인 한국페탕크협회 홈페이지 자료를 참고로 머리를 맞댔다.

논의 과정에서 정작 힘들었던 부분은 '융통성'이었다. 페탕크 경기가 프랑스 시골의 흙으로 된 마당에서 시작된 것이어서 표면을 어떻게 처리하는가에 대한 기준이 없었다. 경기장의 가로와 세로 규격만 있고 나머지는 그때그때 환경에 따라 달리 만들면 된다고 하는데, 우리나라에 참고할 경기장이 없는 상황에서 그 융통성이 오히려 우리를 힘들게 했다. 배수가 잘 되도록 할 것, 테두리는 목재로 마감할 것, 대기하는 공간도 고려할 것을 요구하며 견적을 받았지만 만족스럽지는 않았다.

그래서 프랑스에서 온 David Lesens(페탕크코리아 대표)를 초청해서 의견을 들었다. 두 면의 경계를 줄로 처리해서 필요한 경우 좌우를 달리하여 연습할 수 있게 하는 것, 지형상 벽과 맞닿는 부분은 내부에서 여유 간격을 두어 공이 튀어 나가지 않게 방지할 것 등 유용한 조언을 들을 수 있었다. 하지만 표면을 어떻게 처리(파쇄석 크기)할 것인지는 여전히 오리무중이었다.

10월 14일로 계획한 페탕크대회를 새 전용 경기장에서 해보려 했으나 공사가 지연되면서 잔디 운동장에서 해야 했다. 아쉬움이 컸지만, 한편으로는 예상보다 많은 팀이 출전하여 두 면으로 행사를 치르기에는 무리였겠다 싶어 위안이 되었다.

11월 초, 드디어 공사를 시작했다. 기존 블록을 철거하고 터파기 공사부터 했다. 배수가 무척 중요하기 때문에 업체에서 계획한 것보다 3배 많은 배수관을 묻었다. 배수관 공사 후 부직포를 얹고 흙을 채워 평탄 작업을 마쳤는데, 그 후 바로 비가 내려 자연스럽게 배수 상태를 확인할 수 있었다. 꽤 많은 비가 왔는데도 고이지 않고 잘 빠져나가 만족스러웠다.

마지막으로 파쇄석을 깔고 라인 작업을 했다. 파쇄석과 함께 평탄 작

작업 과정

완성된 모습

업을 했더니 맨땅과 비슷하게 돼버렸다. 파쇄석을 추가하기로 했다. 그 무렵 한국페탕크협회에서 주말에 나와 경기장을 점검해 주었다. 지금은 파쇄석이 너무 많지만, 겨울 동안 시간을 두고 가라앉으면 조금 나아질 것이라 학생들이 연습하기에는 적절할 수도 있겠다는 진단을 내렸다. 다만, 라인을 대체하는 밧줄이 굵어 아웃 볼이 나오기 어렵다는 치명적인 단점을 발견했다. 페탕크 경기장을 직접 보지 못한 담당자들이어서 일어날 수 있는 일이었다.

새로 만든 경기장에서 페탕크 동아리가 한 차례 활동했다. 공이 잘 구르지 않거나 아웃볼 처리가 안 되는 한계가 노출되었다. 향후 보완해야 할 숙제로 남았다. 점수판을 세우는 문제, 페탕크에 대한 안내 패널과 경기 도구를 수납하는 캐비닛 설치 등 소소하게 추가해야 할 일도 많다. 또한 수업 시간에 활용하기 좋게 벤치를 늘리고, 수업 이외에 학생들이 휴식 공간으로 활용할 수 있도록 편한 분위기를 조성하는 숙제도 남아 있다.

이렇게 우리나라 최초로 국제 규격의 페탕크 전용 경기장이 마련되었다. 건물과 건물 사이의 공간(空間)에 불과하던 곳이 담당 선생님의 노력으로 다른 문화를 학습하고 이해하고 체력까지 증진할 수 있는 공간으로 변했다. 죽어 있던 공간을 문화 학습의 장으로 거듭나게 한 담당 선생님께 감사드린다.

### 경기장 뒷이야기

페탕크 경기장은 수업, 학생 동아리 활동, 교사 동아리 활동 등에 활용하고 있다. 실내 수업이 지루해질 무렵, 실외 페탕크 경기장에서 하는 그룹별 게임은 학생들을 정신적·신체적으로 고양한다. 유럽 및 미국, 동남아 각국에서 활발하게 이루어지고 있는 국제적 경기를 체험함으로써 세계 문화 소양이 증진되며 이는 프랑스어 학습에도 긍정적인 영향을 미친다. 페탕크 경기장 오픈 기념식에 참여한 외부인사 및 프랑스인들과의 경기에서 직접 프랑스어를 사용해 보고자 하는 학생들의 태도를 관찰할 수 있었다.

특히 학생동아리(유럽문화부)에서는 주기적으로 외부 강사를 초빙하여 전문적인 페탕크 수업을 받는다. 이런 활동을 통해 학생들은 유럽 문학이나 미술, 사회, 경제뿐만이 아니라 스포츠로서의 페탕크를 체험한다. 시간이 지날수록 학생들의 관심과 흥미가 높아지고 있으며, 팀별 활동으로 협력하는 방법을 배우고 관계도 증진된다.

한편, 교사동아리에서는 격주 화요일 방과후에 함께 게임을 한다. 페탕크가 뛰어난 운동 능력보다는 집중력과 게임 운용 능력을 요구하기에 교사에게 적합하다. 교사들은 게임을 함께 즐기며 기분 전환도 하고 서로 간의 친목을 다진다.

본교 페탕크 경기장은 국내 최초의 국제 규격 경기장이면서 학교의 자투리 공간을 이용했다는 점에서 큰 의미가 있다. 하지만 개선해야 할 점도 있다. 선례가 없는 경기장이므로 설계나 시공, 자재를 선정하는 일까지 비전문가가 할 수밖에 없었는데, 그 결과 경기장을 덮고 있는 파쇄석이 평균보다 굵고 양도 너무 많아 공이 잘 구르지 않거나 아웃볼 처리가 안 되는 한계가 노출되었다. 또한 앞에서 언급한 여러 가지 숙제도 남아 있다. 마지막으로 경기장이 두 면밖에 되지 않으므로 국제경기나 전국대회를 유치하기는 어렵다는 점이 못내 아쉽다.

### 구석 공간 찾기

이번 사업의 핵심은 '죽어 있던 학교 공간 되살리기'였다. 이번 사업이 의미가 있었던 까닭은 학교의 특색 있는 교육과정 운영과 연계가 되었기 때문이라 생각한다. 앞으로 고등학교에서는 고교학점제가 전국적으로 시행될 예정이고, 이에 따라 교육과정 운영을 위한 공간은 더 많이 필요하리라 예상된다. 필요한 만큼 새로운 건물을 지을 수 없다는 점을 생각한다면, 기존에 버려진 공간을 찾아서 되살리는 방법이 대안이 될 수 있을 것이다.

이번 연구를 하며, 나는 본교의 구석구석을 다시 보고 있다. 이 공간을 교육과정 운영과 연계하여 어떻게 활용할 수 있을까? 자꾸 상상하게 된다. 지금은 본교와 서울사대부중을 연결하는 산책로를 교육적으로 활용할 방안을 궁리하고 있다. 동아리 활동, 학급 및 학생회 자치 활동, 축제뿐만 아니라 고교학점제와 연계하여 다양한 교과에서도 활용할 수 있으리라 기대한다.

교사와 학생들이 교육적 상상력을 발휘할 때 비어 있는 공간을 알찬 교육 활동으로 채우고, 죽어 있는 공간에 생명력을 불어넣을 수 있을 것이다.

# 참고문헌


**최인영**

권미나 외(2021), 《학교 공간, 이렇게 바꿨어요!》, 창비교육.

김광현(2018), 《건축이 우리에게 가르쳐주는 것들》, 뜨인돌.

김진애(2006), 《이 집은 누구인가》, 샘터.

데이비드 켈리·톰 켈리(MX디자인랩 역, 2021), 《아이디오는 어떻게 디자인하는가》, 유엑스리뷰.

한현미(2021), 《교실 한구석에서 시작하는 학교 공간혁신》, 맘에드림.

최인영(2021), 〈학생의 일상으로 살펴본 교육 격차와 학교의 역할〉, 《샤교육저널》 3호, 서울대학교 부설학교진흥원, http://snuschools.snu.ac.kr/sha/3.

**이진아**

자밀 자키(정지인 역, 2021), 《공감은 지능이다》, 심심.

최미경·이서영(2015), 〈공감중심 학교폭력예방교육을 통한 학교부적응청소년의 공감능력, 학교폭력 인식과 태도변화에 관한 연구〉, 《청소년복지연구》 17(1), 한국청소년복지학회.

강현식(2017), 심리학 칼럼 462호, https://blog.naver.com/nudasim/220974665266 (2017년 4월 4일)

마음소풍(2020), 마음소풍 칼럼, https://maumsopoong.tistory.com/211 (2020년 7월 4일)

**이승은**

김진애(2006), 《이 집은 누구인가》, 샘터.

데이비드 켈리·톰 켈리(MX디자인랩 역, 2021), 《아이디오는 어떻게 디자인하는가》, 유엑스리뷰.

이은정·박지홍(2020), 〈초등학생 또래관계 네트워크 특성이 독서능력에 미치는 영향〉, 《한국문헌정보학회지》 54(2), 한국문헌정보학회.

Baker D. & Basaraba D.(2018), Second Language Acquisition: Methods, Perspectives and Challenges, US: NOVA.

**백승하**

김진애(2006), 《이 집은 누구인가》, 샘터.

베아트리츠 콜로미나·마크 위글리(정현우 역, 2021), 《우리는 인간인가? : 디자인-인간의 고고학》, 미진사.

한현미(2021), 《교실 한구석에서 시작하는 학교 공간혁신》, 맘에드림.

**이지애**

권미나 외(2021), 《학교 공간, 이렇게 바꿨어요!》, 창비교육.

이경원(2018), 《교사의 탄생》, 행복한미래.

교육부(2019), 〈학교 공간혁신, 민주시민교육과 만나다〉, 네이버뉴스.

**서정아**

데이비드 켈리·톰 켈리(MX디자인랩 역, 2021), 《아이디오는 어떻게 디자인하는가》, 유엑스리뷰.

한현미(2021), 《교실 한구석에서 시작하는 학교 공간혁신》, 맘에드림.

**주지원**

김경인(2014), 《공간이 아이를 바꾼다》, 중앙북스.

데이비드 켈리·톰 켈리(MX디자인랩 역, 2021), 《아이디오는 어떻게 디자인하는가》, 유엑스리뷰.

이한이(2019), 《아주 작은 습관의 힘》, 비즈니스북스.

한현미(2021), 《교실 한구석에서 시작하는 학교 공간혁신》, 맘에드림.

James Clear(2018), Atomic Habits, New York: Avery.

**김형국**

김경인(2014), 《공간이 아이를 바꾼다》, 중앙북스.

한현미(2021), 《교실 한구석에서 시작하는 학교 공간혁신》, 맘에드림.

이윤서(2018), 〈교육과정 변화에 따른 미래 학교 공간 조성 방향〉, 《2018 KEDI 교육시설 포럼 (고고학점제 운영을 위한 학교 공간, 어떻게 조성할 것인가)》 4호, KEDI.

이상민 외(2019), 〈학교공간조성 해외사례 2〉, 《해외 학교 공간혁신 사례집》, KEDI.

**서미선**

김희삼(2021), 〈전환시대의 교육방향〉, 2021 중등 교직단계 20년 중견교사 직무연수, 서울특별시교육청.

박유신(2021), 〈당신을 위한 문해력〉, 《권위》, 민음사.

**권정혜**

교육부(2015), 2015 개정 실과(기술가정) 교육과정.

권미나 외(2021), 《학교 공간, 이렇게 바꿨어요!》, 창비교육.

김진애(2006), 《이 집은 누구인가》, 샘터.

서예식 외(2020), 《행복한 학교를 만드는 공간혁신》, 해냄에듀.

**이정호**

김경인(2014), 《공간이 아이를 바꾼다》, 중앙북스.

김진애(2006), 《이 집은 누구인가》, 샘터.

세라 윌리엄스 골드헤이건(윤제원 역, 2019), 《공간혁명》, 다산북스.

송명숙(2021), 《모두를 위한 통합교육을 그리다》, 한울림스페셜.

초등교육과정연구모임(2016), 《초등교육을 재구성하라》, 에듀니티.

함영기 외(2020), 《배움의 공간을 상상하다》, 살림터.

우에노 카즈히코 외(박재국 외 역, 2015), 《장애아동을 위한 사회성 기술지도 매뉴얼》, 학지사.

**박연화**

교육부(2019), 《대기오염 대응 매뉴얼(미세먼지-오존)》.

환경부(2016), 《바로 알면 보인다. 미세먼지, 도대체 뭘까?》.

국립원예특작과학원(2012~2015), 〈대형건물 내 실내환경조절용 Bio-filtration시스템을 활용한 에너지 효율빌딩 구축〉, 농촌진흥청.

국립원예특작과학원(2014), 〈식물의 기능성을 활용한 그린빌딩 구축〉, 농촌진흥청.

국립원예특작과학원(2016), 〈식물의 환경개선 효율 극대화를 위한 근권부 조건 구명〉, 농촌진흥청.

김기훈(2010), 〈초중등학교 교실 내 공기질 측정관리 실태에 관한 연구〉, 중앙대학교 교육대학원 석사학위논문.

김태진(2020), 〈학교 교실의 실내공기질 실태에 관한 연구〉, 동아대학교 대학원 석사학위논문.

나정향(2019), 〈초등학생들의 자연재해에 대한 인식의 사회과교육적 의미〉, 한국교원대학교 교육대학원 석사학위논문.

엄기향(2007), 〈실내 녹화벽(Green Wall) 조성 연구 - 행정중심복합도시 홍보관 그린월 사례로〉, 한양대학교 공학대학원 석사학위논문.

이근화(2017), 〈안전교육 7대 표준안에 근거한 초등 교과서 안전교육 내용 분석〉, 대구교육대학교 교육대학원 석사학위논문.

이숭전(2017), 〈서울시 학교 교실 미세먼지 농도에 영향을 미치는 요인 연구〉, 가톨릭대학교 보건대학원 석사학위논문.

장나리(2019), 〈미세먼지에 대한 초등학생들의 지식·인식, 태도 조사〉, 서울교육대학교 교육전문대학원 석사학위논문.

정승민(2018), 〈미세먼지 저감을 위한 학교 교실 환기시스템 및 시스템에어컨의 운전제어 방안에 관한 연구〉, 동아대학교 대학원 석사학위논문.

최소영(2017), 〈사례기반학습을 활용한 초등 환경안전교육 방안 - 환경재난 사례를 중심으로〉,

서울교육대학교 교육전문대학원 석사학위논문.
홍영의(2017), 〈실내 조경 식물을 이용한 공기정화장치 개발에 관한 연구〉, 서울과학기술대학교 석사학위논문.

**이병인**

한국실내디자인학회(2020), 《COLOR DESIGN – 실내건축 공간을 위한 색채 디자인》, 기문당.
여미 외(2013), 〈청소년기 특성에 따른 특별교실 공간의 상관관계 연구 – 위클래스(학생공감상담실)의 공간 분석을 중심으로〉, 《디자인지식저널》 21권, 한국디자인지식학회.
한국교육개발원 위(Wee)프로젝트연구·지원센터, 〈위(Wee) 사업연혁, 사업소개〉. www.wee.go.kr.

**최예윤**

구본준(2013), 《마음을 품은 집》, 서해문집.
권미나 외(2021), 《학교 공간, 이렇게 바꿨어요!》, 창비교육.
경상남도교육청(2021), 《행복한 학교를 만드는 학교도서관 공간 구성》.
김광현(2021), 《건축, 모두의 미래를 짓다》, 21세기북스.
김경인(2014), 《공간이 아이를 바꾼다》, 중앙북스.
빅터 파파넥(현용순 외 역, 2009), 《인간을 위한 디자인》, 미진사.
서예식 외(2020), 《행복한 학교를 만드는 공간혁신》, 해냄에듀.
윤형택(2019), 《공간은 이야기로부터 시작한다》, 미메시스.
홍경숙(2019), 《학교 공간, 어떻게 바꿀 수 있을까?》, 창비교육.
곽승진·노영희·신재민(2017), 〈복합문화기관으로서 도서관의 공간 구성 연구〉, 《한국비블리아학회지》 28(3), 한국비블리아학회.

# 다시 그리는 학교 공간

**1판 1쇄 발행일** 2022년 9월 29일

**지은이** 서울대학교 사범대학 부설학교 교사들

**발행인** 김학원
**발행처** (주)휴머니스트출판그룹
**출판등록** 제313-2007-000007호(2007년 1월 5일)
**주소** (03991) 서울시 마포구 동교로23길 76(연남동)
**전화** 02-335-4422 **팩스** 02-334-3427
**저자·독자 서비스** humanist@humanistbooks.com
**홈페이지** www.humanistbooks.com
**유튜브** youtube.com/user/humanistma **포스트** post.naver.com/hmcv
**페이스북** facebook.com/hmcv2001 **인스타그램** @humanist_insta

**편집책임** 문성환 **편집** 윤무재 **디자인** 이수빈
**용지** 화인페이퍼 **인쇄** 청아디앤피 **제본** 민성사



ISBN 979-11-6080-903-9 03370